Max Osswald

Quarterlife Crisis
*Von der Orientierungslosigkeit
junger Erwachsener*

Bibliografische Information der Deutschen Nationalbibliothek:
Die Deutsche Nationalbibliothek verzeichnet diese Publikation in
der Deutschen Nationalbibliografie; detaillierte bibliografische
Daten sind im Internet über http://dnb.dnb.de abrufbar.

2. Auflage 2019

© 2018 Max Osswald

Herstellung und Verlag:
BoD – Books on Demand, Norderstedt

ISBN: 978-3-7481-5890-5

www.max-osswald.com
Instagram: @max.osswald
Facebook: fb.com/therealmaxosswald

Für alle, die umherirren,
Für alle, die sich einsam fühlen,
Für alle mit einem gebrochenen Herzen

Und für J.,
Weil das hier ohne dich vielleicht nie zustande
gekommen wäre.

»Wenn dir's in Kopf und Herzen schwirrt,
Was willst du Beßres haben!
Wer nicht mehr liebt und nicht mehr irrt,
Der lasse sich begraben.«

Johann Wolfgang von Goethe

Inhaltsverzeichnis

Teil I: Liebe

Kuss	17
Ein Hoch auf die Unabhängigkeit	18
Neu ist immer besser	19
Luftschloss	20
Hallo	22
Ich kann mich einfach nicht öffnen	24
Herzchen	26
Der Moment	27
Gelegenheit macht Liebe	28
Hindernisse	29
Bonnie & Clyde	30
Tagebuch	31
Alles	32
Wunderschöne neue Welt	33
Traum	34
Kurz & herzlos	36
Konsequenzen	37
Asche	38
Hoffnung	39

Unfair	40
Fenster	41
Plan B	42
Narbe	43
Was du willst	44
Was ich will	45
Pfingstrose	46
Es tut mir leid	48
Gift	50
Bahnhof	51
Enttäuschung	53
Sterne	55
Hass	56
Feig	58
Gegenstück	60
Abschied	61
Urknall	62
Ein andermal	63
Juli	66
Herz	70
Wiedergeburt	75

Teil II: Alles andere

Kaputt	81
Vergangenheit	82
Unentschlossen	83
Verkopft	84
Angst	86
Auf uns	87
Scheitern	88
Kind sein	90
Funkeln	92
Die anderen	94
Polarisieren	96
Sicherheit	97
Bald geht's los	98
Perfekt	99
Feuer	100
Zeugnis	102
Lebenslauf	104
Überholspur	105
Zahnrad	106
Ein gutes Geschäft	107
Autopilot	108

Tanzen	109
Bilanz	110
Chaos	112
Party	114
Einsamkeit	116
Wohin?	118
Offene Türen	120
Der richtige Zeitpunkt	122
Selbstfindung	123
Lebensplanung	124
Das Maß aller Dinge	125
Sterben	126
Ach	128
Der Platz auf der Tribüne	129
Bedeutungslos	132
Winter	133
Selbstmord	134
Lichtblick	138
Neuanfang	139
Nachweis	140
Über den Autor	140

Teil I

Liebe

Kuss

Damit nimmt alles seinen Anfang,
Hoffnungen und Träume,
Was vielleicht alles sein kann.
Ohne wäre alles bloß
Furchtbar leer
Und bedeutungslos.

Lässt das Herz tanzen und
Macht die Welt bunt,
Und das,
Obwohl alles verblasst
Um einen herum.

Ein Kuss ist nicht nur ein Kuss,
Sondern die Gewissheit,
Dass das alles, die Welt, das Leben,
Wohl doch einen Sinn ergeben muss.

Ein Hoch auf die Unabhängigkeit

Klar, du kannst dich,
Statt nach Einheit,
Nach Unabhängigkeit sehnen,
Doch vergiss nicht,
An deiner Freiheit
Kannst du dich nicht anlehnen.
Kannst sie nicht küssen,
Nicht ihre weichen Lippen fühlen und spüren,
Dass sie vom Himmel kommen müssen.
Kannst ihr nicht lauschen,
Nicht mit ihr sprechen
Oder Blicke tauschen,
Nicht mit ihr lächeln,
Lachen
Oder Frühstück machen.
Sie nicht streicheln,
Nicht in den Arm nehmen
Oder gemeinsam in die Zukunft sehen.
Sie gibt dir kein Gefühl von Heimat und
Hat keinen Duft,
Der dir klar macht,
Dass das richtig sein muss.

Vielleicht ist
Das für dich alles Mist,
Doch auch, wenn du dir damit sicher bist,
Frag dich trotzdem,
Ob es dir das wert ist
Und ob du es nicht doch vermisst,
Wenn du irgendwann alt
Und alleine bist.

Neu ist immer besser

»Ich will, dass alle wissen:
Ich mach mein Ding.
Wer mag schon Kompromisse?
Wo kommen wir denn da hin?
Muss ich mich mit irgendwas zurücknehmen,
Ist die andere
Ganz einfach nicht die Person fürs Leben.
Die Auswahl ist ja groß und ich find
Meine Traumpartnerin bestimmt.
Sie wartet sicherlich schon ums Eck,
Vielleicht im Club, auf Tinder oder in der Bahn,
Und die passt dann perfekt;
Nicht nur zu mir,
Sondern auch zu meinem Fünfjahresplan.«

Wenn jemand sowas sagt,
Glaubst du nicht, wie viel ich kotzen mag.

Heutzutage verhält es sich mit der Liebe
Wie mit den Dingen:
Keiner ist mehr bereit, zu reparieren,
Etwas in Ordnung oder Opfer zu bringen.
Man wirft weg,
Geht raus,
Tauscht aus
Und hat wieder Interesse,
Denn neu ist immer besser.

Luftschloss

Sie schaute mich an, ich schaute zurück
Und fragte mich: »Hab ich heut Abend etwa Glück?«
Vielleicht war's auch nur Zufall gewesen,
Denn ihren Blick, den konnte ich nicht lesen.

Ihr Haar strahlte, trotz wenig Licht;
Sie schaute wieder: ist sie interessiert oder nicht?
Die Unterhaltung, die ich führte, verblasste,
Denn es war Zeit, dass ich mir ein Herz fasste.

Ich sagte »Hey«, sie sagte »Hi«,
Dann begrüßte ich ihre Freunde, alle drei.
Undurchdringlich musterte sie mich,
Doch dann: ein Lächeln zeigte sich.

Wir redeten und sie erzählte, hier und da,
Von der Stadt, ihrer Kindheit, einem Push-up-BH,
Vom Rauchen, Tauchen und der ersten Liebe;
Ich merkte schnell:
Von einer wie ihr gibt's nicht viele.

Ich sag jetzt nicht, sie war perfekt,
Aber offen, ehrlich und direkt,
Sehr hübsch, gesprächig, lustig und nett
Und bestimmt unfassbar gut im Bett.

Den ganzen Abend blieb ich bei ihr dann,
Ich stand auf sie, sie auf mich,
Was will man mehr als Mann?
Wir alberten herum,
Tanzten Dirty Dancing zusammen;
So vertraut; zwei Stimmen, Einklang, als wir sangen.

Ich baute nicht nur ein Luftschloss,
Bis mir der Stich in die Brust schoss.
Denn am Ende des Abends: statt Freude Kummer,
Als ich sie fragte nach ihrer Nummer.

Sie sagte mir, etwas verlegen,
Naja, sie sei schon vergeben.
Mein Glückstag, pah, von wegen.
Ich brachte sie zum Taxi,
Stand allein im Regen
Und hoffe seitdem,
Man sieht sich zweimal im Leben.

Hallo

Hallo mein Kleiner oder meine Kleine;
Wir kennen uns noch nicht,
Aber ich frag mich schon jetzt,
Wie du wohl so bist.

Wirst du mal Ballerina oder Chefkoch?
Machst du mal Musik oder Kampfsport?
Hast du auf alles eine Antwort?
Bist du ein Chaot oder pedantisch?
Bist du auch hoffnungslos romantisch?
In welcher Farbe leuchten deine Augen?
Wirst du mal größer als ich?
Sind deine Haare blond,
Braun, rot oder schwarz?
Bist du brav
Oder machst du aus Prinzip alles,
Was man nicht darf?
Kannst du dich gut kleiden?
Bist du ein Rebell und wirfst mit Steinen?
Bist du immer glücklich und hast du nie,
So wie ich ständig,
Einen Hang zur Melancholie?

Wer auch immer du sein
Und egal, was du tun wirst,
Ich weiß:
Vom ersten Moment an
Werde ich dich so sehr lieben,
Dass ich das hier nicht im Geringsten
In Worte fassen kann.

Ach, mein Kleiner oder meine Kleine,
Ich freue mich jetzt schon unglaublich darauf,
Das erste Mal mit dir zu sprechen;
Aber das dauert wohl noch eine Weile,
Denn dafür müsste ich erst mal deine Mutter treffen.
Glaub mir, das ist alles andere als einfach heute,
Die Richtige zu finden, unter Millionen von Leuten.

Aber sie wird die Eine sein,
Wie für mich gemalt,
Verrückt, selbstbewusst und bescheiden,
Humorvoll, wunderschön, sportlich und spontan,
Intelligent, umwerfendes Lächeln, knackiger Po,
Voller Macken, ehrlich und lebensfroh.
Mit ihr wird alles einfach und leicht sein,
Sie hat ein gutes Herz
Und ist ein richtiger Sonnenschein.
Sie wird die sein,
Die mich zum Lachen bringt,
Unter der Dusche singt
Und deren Stimme nach Heimat klingt.
Und ich werde sofort wissen:
Das ist deine Mutter, mein Kind.

Ich kann mich einfach nicht öffnen

Immer, wenn ich diesen Satz höre oder lese, könnte ich kotzen. Da träumen sie alle von der perfekten Beziehung, von irgendwelchen Traumpartnern, aber die meisten von ihnen würden den nicht mal erkennen, wenn er ihnen ins Gesicht springt – geschweige denn, dass sie für ihn oder sie »bereit« wären.

Ist irgendjemandem irgendwann schon mal irgendetwas Besonderes oder Tolles passiert, weil er oder sie den sicheren Weg gewählt hat? Wenn wir nie etwas riskieren, können wir das Ganze hier auch gleich bleiben lassen. Wozu sind wir denn auf diesem kleinen, beschissenen Planeten? Um uns zu verstecken? Um Schmerz zu vermeiden? Das ist ja gerade das Schöne an dieser absurden und völlig sinnlosen Veranstaltung, die sich Leben nennt: dass wir nichts zu verlieren haben. Nie. Wir haben immer nur etwas zu gewinnen.

Ich falle lieber noch tausendmal ungebremst voll auf die Fresse, anstatt mich mit gar nichts oder mit irgendwelchen halbgaren, unentschlossenen Kompromissen zufrieden zu geben. Und, meine Güte, jeder ist schon mal auf die Schnauze geflogen, jeder hat schon eine oder mehrere Bruchlandungen hinter sich. Ist das etwa ein Grund, aufzugeben?

Dieser Vergleich wird heutzutage zwar total inflationär gebraucht, aber eben deshalb, weil er super passt: Wenn ein Kind, das gerade lernt, zu laufen, hinfällt, meint es dann ja auch nicht: »Ach, du, ich glaube, laufen – das ist nichts für mich. Ich möchte einfach den Schmerz des Hinfallens nicht nochmal fühlen, das hat mir zu sehr wehgetan.« Es steht einfach wieder auf, macht weiter und fällt noch hunderte Male hin – bis es schließlich laufen kann.

Also, steh wieder auf. Öffne dich. Weg mit dem Selbstmitleid. Denn du bist absolut nichts Besonderes, tut mir leid. Du und deine Probleme sind nichts Besonderes. Egal, was in deiner Vergangenheit passiert ist: tausende Leute haben schon dasselbe durchgemacht wie du – oder sogar Schlimmeres. Und das Schlimme, das dir irgendwann mal widerfahren ist, ist vielleicht auch nicht deine Schuld. Aber es liegt in deiner Verantwortung, damit umzugehen und damit klarzukommen. Es ist schließlich dein Leben.

Ein Opfer zu sein ist leicht. Und faul.

Hör auf damit.

Etwas nicht zu wagen, aus Angst davor, dass es vielleicht nicht klappen könnte, ist Schwachsinn. Was wäre diese Welt, wenn jeder so denken würde?

Vorsichtig sein kannst du, wenn du über die Straße läufst, aber nicht in der Liebe. Wer Angst hat, ist unfähig, zu lieben. Also stürz dich rein, mit allem, was du hast. Alles andere lohnt sich nicht.

Jede Beziehung scheitert, bis es am Ende eine nicht mehr tut. Und all das Chaos, all die gestorbenen Hoffnungen, all die Verzweiflung, all die Nächte voller Tränen werden es wert gewesen sein.

Versprochen.

Herzchen

Ich hab sie nicht gesucht
Und doch gefunden.
Wir hatten innige Momente
Und wunderschöne Stunden.

Weißt du noch,
Umschlungen tanzen in der Rooftop-Bar?
Zu Whitney Houston;
Alles war so einfach und klar.
Ich wollte am liebsten die Zeit anhalten
Und dich für immer in meinen Armen halten.

Hab kaum gehofft
Und nichts erwartet.
Heut kann ich's fast nicht glauben,
Wie schön mit ihr jeder Tag ist.
Und nach all dem Umherirren meine ich,
Dass sie das tatsächlich endlich ist:
Mein Heimathafen.
Denn jede Nacht freue ich mich darauf,
Gemeinsam mit ihr einzuschlafen.
Und wenn ich dann träum,
Nachdem ich die Augen schließ,
Seh ich sie.

Natürlich, ob's klappt, weiß man nie,
Vielleicht geht's schief,
Doch vielleicht kann ich dann immerhin sagen:
»Ich habe geliebt.«

Der Moment

Der Schein der roten Sonne
Kitzelt dein Gesicht.
Was wahre Schönheit ist,
Wusst ich bis zu diesem Zeitpunkt nicht.

Wir stehen hier, eng umschlungen,
Unsere Arme und unsere Zungen;
Ich hab keine Gedanken mehr
Und wünschte mir,
Dass das hier die Ewigkeit wär.
Weiß nur noch eines bloß:
Ich lass dich nie wieder los.

Glaub mir,
Ich würde auch nicht traurig werden,
Wüsst ich,
Ich würde jetzt in deinen Armen sterben.

Und sind wir füreinander irgendwann
Nicht mehr als eine Erinnerung,
Von der Zeit zerfressen,
In meinem Herz sind wir für immer jung,
Denn diesen Moment,
Den werd ich nie vergessen.

Gelegenheit macht Liebe

Ich denk schon selbst, ich sei gestört;
Alle Sinne betört,
Heute himmelhoch jauchzend,
Morgen am Boden zerstört.
Nein, ich bin nicht manisch-depressiv,
Sondern unglücklich verliebt.

Wenn ich an sie denk
Und vor mich hin grins,
Frag ich mich: »Ist das echt
Oder nur ein Hirngespinst?«

Was ist das mit uns?
Eine nette Zeit?
Ein bisschen Spaß?
Befriedigung der Triebe?
Oder doch die ganz große Liebe?

Vielleicht ja tatsächlich das Wunderbare,
Einzigartige,
Wonach jeder strebt
Und von dem man fast nicht mehr glaubt,
Dass man es noch erlebt.

Beim Abschied stand sie da,
Mit den wunderschönsten Augen,
Die ich jemals sah;
Ich hatte Flugzeuge im Bauch
Und hoffte nur:
Sie auch.

Hindernisse

Ob ich verliebt bin? Ja! Aber nein,
Ich weiß, ich kann nicht mit ihr,
Doch will auch nicht ohne sie sein.

Manchmal hat man einfach Pech und
Das Leben macht einen Strich durch die Rechnung.
Ich denk dran und es macht mir zu schaffen.
Schade, denk ich, aber kann man nix machen.

Die Zeit vergeht, doch sie bleibt in meinen Gedanken.
Es sei vorbei, bevor es anfing, dachte ich,
Doch nun bin ich am Schwanken.
Sie geht mir nicht aus dem Kopf,
So lange, bis ich meine:
»Vielleicht bin ich auch einfach nur zu feige.«

Denn, sind wir mal ehrlich,
Hindernisse sind nur Hindernisse,
Mehr nicht.

Und was sein soll und was nicht,
Entscheidet nicht das Schicksal, nicht das Leben,
Sondern ich.

Bonnie & Clyde

In unserem Universum
Gibt's nur uns zwei;
Was andere als Liebe bezeichnen,
Ist uns viel zu klein.
Wir, gegen die Welt zu zweit,
Zu allem bereit,
Partners in crime,
Wie Bonnie und Clyde.
Brauchen sonst keinen,
Nur du mich
Und ich dich,
Absolute Treue,
Leben und lieben
Ohne Rücksicht,
Ohne Reue,
Ohne Angst,
Bis wir irgendwann
Im Kugelhagel fallen.
Und auch, wenn wir das tun, dann
Tun wir das zusammen.

Tagebuch

Bist mein Tagebuch,
Schreibe alles in dich,
Öffne mich dir ganz,
Ohne Bedenken
Und ohne Angst.
Die Tinte ist mein Herzblut,
Ob gestern, heute oder morgen,
Die tiefsten Geheimnisse, Wünsche, Sorgen,
Alles, was mich freut,
Alles, was mir weh tut,
Du weißt es.
Den meisten
Fehlt dazu der Mut,
Doch mir war schon immer klar,
Findet man so eine Person, dann
Gibt man sich ihr hin,
Hält man sie fest,
So stark man nur irgendwie kann.

Alles

Meinen Job,
Meine Wohnung,
Meine Stadt,
Mein Geld,
Meine Sachen,
Meine ganze Welt,
Alles kann ich zurücklassen.
Alles,
Und das sag ich deutlich,
Alles,
Nur nicht dich.

Wunderschöne neue Welt

Wenn du im Stillen vor dich hin tanzt,
Ohne Musik, aber voll Adrenalin,
Du nicht anders, als zu grinsen kannst,
Dann genieße ihn,
Den Zauber des Anfangs.

Will jeden Kontinent, jedes Land,
Jede Stadt, jeden Winkel entdecken,
Gemeinsam mit dir.
Zeig mir all die besonderen, unberührten Ecken,
Die ungewöhnlichen und persönlichen Flecken,
Die hellen und dunklen Strecken
Und Wege, die kaum jemand kennt;
Will wissen, wohin sie führen.
Will wissen, ob ein Feuer brennt,
Wenn wir uns berühren.
Will wissen, was die Zukunft für uns bereithält;
Vielleicht bist du es ja wirklich,
Meine wunderschöne neue Welt.

Doch jede Welt
Dreht sich schnell;
Und je länger sie sich dreht,
Desto eher ist es zu spät.
Ein Ja, das zu lange dauert,
Ist ein Nein.
Denn wenn du dich nicht für mich entscheidest,
Entscheidest du dich gegen mich;
Etwas dazwischen gibt es nicht.

Traum

Ich blickte ins tiefe Loch in meiner Seele
Und fragte mich, was mir nur fehle.
Egal, wie bunt und toll die Fotos,
Für mich war alles grau und trostlos.

Dann traf ich sie, und alles war anders.
Froher, leichter, schöner, klarer,
Freundlicher, lieber und wunderbarer.
Ich brauchte sie nur anzuschauen und wusste,
Dass die Welt in Ordnung war.

Ist das ein Traum?
Bitte drück mich;
Ich glaub,
Ich war noch nie so glücklich.

Sie war alles, was ich immer wollte
Und vertrieb die schwarze Wolke
Aus meinem Kopf und Herz.
Kein Regen mehr
Und auch kein Schmerz.

Wir waren perfekt füreinander,
Das erkannte ich sofort.
Ich dachte mir, geil,
Das Leben ist mir auch mal wohlgesonnen;
Ich fühlte mich,
Als sei ich endlich angekommen.

Doch sie sah das wohl nicht so.
Es fühlte wohl nur ich so.

Ich war nicht lang weg
Und musste erkennen,
Vielleicht war ich zwar kurz das Mittel,
Aber nie der Zweck.

Verrückt, grad eben war's noch so,
Da konnte ihr Lächeln meinen Tag erhellen.
Doch jetzt muss ich bitter feststellen:
Der Regen ist noch da
Und ihn durchdringt kein Sonnenschein.
Es war einfach zu schön, um wahr zu sein.

Kurz & herzlos

Ich sitze beim Mittagessen, während draußen die Sonne freundlich durch die kahlen Bäume scheint. Um mich herum tratscht alles fröhlich durcheinander. Neben mir sitzen Kollegen, die ich mag, und machen Witze, die sogar lustig sind. Kein einziger meiner Gesichtsmuskeln regt sich auch nur ein bisschen. Ich sitze da, starre appetitlos die Spaghetti auf meinem Teller an und schaufle sie mechanisch in mich hinein. Das ganze lebendige Treiben um mich herum schrumpft zu einem dumpfen Dröhnen zusammen. Ich bekomme es einfach nicht aus dem Kopf. Die Bilder. Wie das Szenario wohl zustande gekommen ist. Wie sie sich dabei verhalten, was sie sich dabei gedacht, wie sie es genossen hat. Wie egal ich ihr war. Keine Wut. Keine Trauer. Keine Enttäuschung. Oder vielleicht doch Wut, doch Trauer, doch Enttäuschung; aber nur auf einer merkwürdigen, sachlichen Ebene, die ich mir nicht zu erklären weiß. Mein Herz tut nicht weh, ich spüre keinen Stich, keinen Schmerz, es blutet nicht – ich zweifle viel eher daran, ob es im Moment überhaupt existent ist. Ich bin leer. Ich kann mich nicht daran erinnern, wann ich das letzte Mal einen Tag erlebt habe, an dem mir alles so egal war, wie heute. So fühlt es sich also an, wenn man betrogen worden ist.

Konsequenzen

Es gibt kein richtig und falsch,
Schlecht oder gut,
Sondern nur die Folgen
Von dem, was man tut.

»Vergangen ist vergangen,
Halb so wild,
Es ist alles ok«,
Das würd ich gern sagen;
Doch dafür tut es zu sehr weh.
»Musste das etwa sein?«,
Das würd ich dich gern fragen.

Das mit uns, ich wollte es so sehr,
Doch ich kann einfach nicht mehr.

Wir waren perfekt füreinander
Und sind es noch.
Das ist das Tragische an der Sache.
Deshalb schmerzt es auch so sehr,
Dass ich jetzt Schluss mache.

Erst jetzt realisierst du deinen Verlust,
Jetzt, da du unendlich weinen musst.
Du solltest eben immer bedenken:
Alles im Leben hat Konsequenzen.

Asche

Hab dich erkannt,
Waren seelenverwandt,
Hast die Zukunft verkannt,
Hab mir das Herz verbrannt
Und mein Verstand
Die Hoffnung verbannt.

Wir haben's gewollt,
Wir haben's versucht.
Wir waren zwar toll,
Aber wohl nicht genug.

Ich lüg mir auch nicht mehr in die Tasche.
Unser Feuer brannte zwar stark,
Doch letztendlich bleibt nichts übrig
Außer ein Haufen Asche.

Hoffnung

Ich kann nicht mehr warten,
Spiele mit offenen Karten
Und lege dir mein Herz auf den Tisch.
Ob du es küsst,
Es festhältst und nie mehr loslässt
Oder mit einem Messer reinstichst,
Ist deine Entscheidung.
Und es muss dir nichts leidtun.

Alles, was ich tun kann, ist,
Mich zu öffnen,
Es dir zu geben
Und zu hoffen.

Auch, wenn's letztendlich den Bach runtergeht
Und ich alleine verloren im Regen steh,
Ich bereue nichts.
Und könnt ich in der Zeit zurück,
Selbst mit dem Wissen, wie es enden wird,
In der Hoffnung,
Du lässt doch meine Liebe zu,
Würd ich es jederzeit wieder tun.

Unfair

Bin müde,
Doch schlafen kann ich nicht.
Liege wach im Bett,
Mit Tränen im Gesicht.

Wir hatten nie eine faire Chance
Und werden vielleicht nie eine haben.
Ich denk daran, werde traurig und wütend
Und will alles kurz und klein schlagen.

Ich tat, was ich konnt,
Gab dir alles, meine ganze Welt,
Doch uns fehlt nach wie vor der Horizont,
Und das, obwohl unsre Rose niemals welkt,
Sondern blüht und strahlt und Freude bereitet;
Umso mehr tut es weh,
Dass jetzt wohl einfach nicht unsere Zeit ist.

Das Bittere ist,
Es liegt nicht an dir, mir oder uns,
Sondern nur an dem Scheiß drum rum.

Denk ich an die Zukunft,
Kann ich's nicht fassen.
Es bricht mir das Herz,
Wenn ich dran denke,
Wir würden uns verpassen.

Fenster

Wie du da sitzt, am Fenster,
Während dem Rauchen,
Liebenswert, verschmitzt,
Die Füße baumeln
Furchtlos, ohne zu straucheln.
Wie wir gemeinsam mit jedem Zug
In eine schönere Welt eintauchen;
Lassen die Zeit still stehen,
Wollen nur einander, uns, jetzt,
Und nicht unsere unklare Zukunft sehen.
Jedes Mal kribbelt mein Gesicht;
Wir küssen uns, ich schließe die Augen
Und sehe dich.

Doch du nicht.

Du hast sie auf,
Weil du sagst, du beobachtest gern.
Doch ich glaub,
Das bedeutet,
Wir stehen unter keinem guten Stern,
Weil du mir nicht vertraust,
Dich nicht fallen lassen kannst
Und wegen ein bisschen Ungewissheit
Dicht machst, vor lauter Angst;
Du gibst dich nicht hin,
Daher merkte ich schon früh,
Eigentlich
Hat das mit uns keinen Sinn.

Plan B

Du sagst, ich wär dein;
Du sagst, du wärst mein;
Du sagst, du willst mehr;
Du sagst, der Abschied fällt dir schwer;
Du sagst, du willst nie mehr weg;
Du sagst, eigentlich ist alles perfekt,
Vielleicht sogar zu sehr.

Ich dachte genau das,
Von Anfang an,
Dass das mit uns perfekt passt;
Aber, so traurig es ist,
Vielleicht auch nur fast.
Dabei wollte ich dich
In den Armen halten
Bis ich alt bin.

Du sagst, du suchst den Richtigen.
Machtest klar, dass ich's nicht bin.
Das tut zwar weh,
Aber so ist's mir lieber,
Denn ich bin kein Kompromiss, kein Trostpreis
Und kein Plan B.

Narbe

Ich hab's Gefühl,
Ich liebe zu sehr,
Zu stark,
Zu rücksichtslos;
»Eine schöne Zeit« ist mir zu wenig
Und die Ewigkeit zu kurz.

Und kaum verseh ich mich,
Ist der Zauber wieder fort;
Von einer Flut von Unwichtigkeiten weggeschwemmt.
Da waren wir eben noch alles füreinander
Und sind uns plötzlich wieder fremd.

Was mir bleibt,
Ist eine Narbe auf dem Herz,
Als Erinnerung an die intensiven Gefühle,
Die unvergesslichen Momente
Und den Schmerz.

Ich nehme es mit einem Lächeln.
Oder versuch's zumindest.
Klar, wenn man jemanden so nah an sich hin lässt,
Kann das Ende sehr schmerzhaft sein.
Doch es lohnt sich,
Denn wenn's klappt, ist man nie mehr allein,
Drum bereu ich's nicht
Und sage immer wieder:
Lieber
Lieben und leiden
Als keins von beidem.

Was du willst

Was du willst,
Das weißt du nicht.
Doch du machtest zumindest deutlich:
Ich bin es nicht.

Mal ehrlich,
Freunde bleiben,
Das funktioniert bei uns doch nicht.
Ich will dich ganz
Oder gar nicht.

Gesehen hätte ich ihn gern,
Deinen weichen Kern.
Doch um deine harte Schale beiseite zu legen,
Bist du zu feige gewesen.

Was ich will

Einen Sturm, einen Orkan,
Kein Lüftchen.
Bedingungslos, voll und ganz,
Nicht nur ein bisschen.
Wollen und gewollt werden,
Keinen unentschlossenen Scheiß,
Kein »ganz nett«, kein »fast«,
Kein »vielleicht«,
Nur Ja oder Nein.
Keine Fassade,
Keinen Schutzwall,
Keinen Schein,
Nur Sein;
Das wahre Du
Mit dem wahren Ich.
Alles oder nichts.

Pfingstrose

Mein Herz war und ist hungrig,
Vielleicht war ich einfach zu dumm, ich
Dachte: »Das ist es. Das ist sie.«
Sowas hatte ich vorher noch nie,
So schnell, so intensiv,
So unglaublich
Hals über Kopf verliebt.
Doch so war's nicht für uns beide.
Sie war für mich die Eine,
Ich für sie nur irgendeiner.
Es schmerzt, tut weh,
Aber ich kann's nicht ändern
Und das Leben geht weiter.

Wir sind füreinander gemacht,
Hab ich gedacht.
Ich fühlte mich bei dir verwurzelt,
Doch bin jetzt wieder lose;
Der Duft der Liebe meines Lebens
War wohl doch nicht die Pfingstrose.

Vielleicht war das Problem,
Dass ich es zu sehr wollte,
Zu viel Herz reinsteckte
Und sie damit verschreckte.

Doch das ist Schwachsinn,
Weil ich mir sicher bin,
Die Richtige wird's zu schätzen wissen,
Wenn ich ausspreche, was ich will und fühle,
Mich öffne,
Ehrlich, voll und ganz, mit all
Dem Guten, Schlechten,
Schönen und Hässlichen, mit all
Meinen Kanten, Macken und Eigenheiten.
Sie wird's willkommen heißen,
Ihr Herz wird frei und bereit sein
Und es wird ihr
Genauso gehen wie mir.

Es tut mir leid

Es tut mir leid.
Wir trafen uns zur falschen Zeit.
Ich war für etwas Neues
Noch nicht annähernd bereit.

Das wusste ich auch irgendwie,
Doch hab's ignoriert.
Dann hast du dich verliebt,
Doch ich war nicht bei dir,
Sondern immer noch bei ihr,
Und das hast du nicht verdient.

Ich kenne das gut,
Wenn Gefühle nicht erwidert werden
Und wie unglaublich weh das tut.

Aus Angst, mich damit zu verjagen,
Wolltest du nie sagen,
Dass es dir ernst ist;
Doch gemerkt hab ich's.
Eigentlich.

Aber ich redete mir das Gegenteil ein
Und es ist meine Schuld,
Dass dein Herz jetzt weint.
Und ich kann nichts tun oder sagen, außer:
»Es tut mir leid.«

Ich war auf den ersten Blick verknallt. Ich wusste aber auch ziemlich schnell, dass es wieder schmerzhaft für mich enden würde. Ich hab in solchen Dingen leider ein sehr feines, sensibles Gespür. Liebe habe ich wohl einfach nicht verdient.

Wenigstens manchmal Fickmaterial.

Ich bleib für immer allein.

Das tut mir leid...

Ich find es aber unfassbar schlimm, dass du dir sowas ständig einredest. Das ist Bullshit. Glaub mir, hör auf damit. Das zieht dich nur runter und wird zur selbsterfüllenden Prophezeiung. Wie willst du denn jemand anderen lieben können, wenn du dich selbst nicht liebst? Und das hat nix mit Narzissmus zu tun. So wirst du auf immer und ewig unsicher bleiben und nie für das einstehen können, was du willst, geschweige denn, es zu kommunizieren. Natürlich hast du Liebe verdient. Dazu musst du aber aus dieser Opfer-Rolle raus, in der du dich scheinbar sehr wohl fühlst.

Ich schreib das alles jetzt nicht, weil ich dir eins reinwürgen will, sondern vielmehr, weil ich dich mag und finde, dass du ein gutes Herz hast. Deshalb hast du es verdient, dass dir das jemand mal ehrlich sagt. Ja, das mit uns ist beschissen gelaufen – es ist meine Schuld. Und es tut mir leid. Ich weiß, wie du dich fühlst, und dieses Gefühl ist furchtbar. Aber sich selbst komplett aufzugeben und sich in Selbstmitleid zu ertränken, macht es nicht besser (hab ich auch schon versucht – funktioniert nicht). Lass dich nicht hängen.

Ich wünsch dir alles Gute.

Gift

Das ganze Hin und Her
Ist schon fast sowas
Wie 'ne Kunst;
Und ja, ich weiß,
Jede Telenovela
Ist ein Scheiß
Im Vergleich
Zu uns.
Ich weiß,
Wir drehen uns im Kreis,
Doch solange wir das zusammen tun,
Ist doch alles gut.
Bin voller Sehnsucht,
Mein Kopf ist leer,
Mein Herz ist schwer,
Ich weiß, du bist Gift,
Doch alles, was ich will,
Ist mehr.
Kein Gegenmittel in Sicht,
Es wird mich dahinraffen.
Soll es doch!
Dann lässt es mich eben kläglich verrecken;
Wenn ich weiß,
Ich bin bei dir währenddessen,
Sterbe ich mit einem Lächeln.

Bahnhof

Mit jedem Schritt in Richtung Zug werden wir stiller. Unsere Blicke senken sich. Die lauten Durchsagen, die ganze Hektik, die Massen von Menschen, die viehtriebartig um uns herum ihren bedeutungslosen Unwichtigkeiten hinterherjagen, all das verblasst und ist nicht mehr als das Szenenbild des tragischen Finales unseres perfekten kleinen Films, für den wir nie ein Drehbuch hatten.

Unsere ineinander verhakten Hände drücken immer stärker zu, lassen nicht mehr los, als könnten wir dadurch das Unausweichliche verhindern. Wir stehen vor der Tür des roten Ungetüms, das uns einmal wieder hunderte Kilometer auseinander bringt. Es passiert normalerweise nicht, dass mir die Worte fehlen, aber ich war einfach noch nie gut im Abschiednehmen. Ich schließe meine Augen, gebe dir den ersten von bestimmt dreihundert Abschiedsküssen und stelle mir dabei vor, dass wir an einem anderen Ort wären, irgendwo, wo es keine Verpflichtungen und keine Vergangenheit gibt und an dem es das ganze Jahr über warm ist – weil wir beide keinen Bock mehr auf Jahreszeiten haben.

Ich löse mich von dir und stelle enttäuscht fest, dass wir immer noch am Bahnhof stehen, und gebe dir sofort den nächsten Kuss, um der Realität erneut zu entfliehen. So lange, bis uns eine Durchsage ermahnt. Ich gehe ins Zuginnere, du stehst draußen auf dem Bahnsteig. Voller Freude sehe ich, wie du einen Schritt machst und drauf und dran bist, mit einzusteigen. Diesen einen Moment der Verrücktheit, diesen Scheiß-auf-alles-Moment, in dem dein Herz den Kopf kurzzeitig ins Wanken gebracht hat, den sah ich in dir aufblitzen, als deine Augen strahlten und dir ein Lächeln übers Gesicht huschte. Lass uns durchbrennen, weit weg von hier, lassen wir den ganzen Dreck zurück, auf und davon, dachte ich mir. Bis sich die Tür schloss, mit uns beiden auf unterschiedlichen Seiten von ihr.

Was könnten wir glücklich sein, wenn nicht immer das Leben dazwischen kommen würde.

Enttäuschung

Es ist Schluss,
Doch dass wir uns trotzdem wiedersehen,
Kann niemand verstehen.
Und ich eigentlich auch nicht.
Denk mir dann jedes Mal wieder, ich brauch dich;
Doch sagen würd ich das niemals laut, ich
Weiß nämlich, so geht's dir nicht,
Und deine Reaktion darauf wäre für mich
Jedes Mal nur ein weiterer Stich.

Doch irgendwie geht's dir
Ja wohl doch auch wie mir,
Kann nicht ohne dich,
Kannst nicht ohne mich.
Nur eines ist Bullshit: platonisch.
Ich wusste von Anfang an:
Das wird komisch
Und funktioniert sowieso nicht.

Ich mach das mit uns nicht
Größer als es war oder ist,
Aber auch nicht klein,
Denn wir sind für vieles gemacht,
Aber nicht dafür, nur befreundet zu sein.

Wir liegen im Bett,
Du sagst, du willst nie wieder weg,
Du sagst, wir würden es bereuen,
Wenn nichts aus uns wird; davor graust es dir.
Doch du sagst vielleicht Ja zu uns
Oder der Idee davon,
Aber nicht zu mir.

Es ist schon irgendwie schade, denn glaub mir,
Wir hätten den Rest unseres Lebens
Miteinander gelacht,
Geweint, vereint,
Die allerschönste Zeit gehabt
Und die tollsten Momente miteinander verbracht,
Hätten wir – oder letztendlich du –
Nägeln mit Köpfen gemacht.

Ich sag ja eigentlich immer,
Es würde sowas nicht geben,
Doch wir,
Wir wären perfekt füreinander gewesen.
Da bin ich mir sicher, zu hundert Prozent,
Uns hätte nichts auf dieser Welt
Jemals wieder getrennt.

Doch er ist vorbei,
Der schöne Traum von der Ewigkeit.
Ich habe mich langsam damit abgefunden
Und inzwischen auch genug geweint.
Es ist schade,
Denn alles, was bleibt,
Sind nur ein paar Bilder,
Narben und Erinnerungen
An die gemeinsame Zeit.

Aber vielleicht ist es besser so,
Denn eine Enttäuschung
Ist ja nur das Ende der Täuschung,
Und wenn man viel Glück hat,
Auch eine Art Erleuchtung.

Sterne

Open-Air-Konzert,
Gute Stimmung, laute Musik,
Es ist bewölkt,
Doch ich lass die Sonnenbrille auf,
Damit man die Tränen nicht sieht.

Die Sonne geht unter,
Ich komme etwas runter
Und blicke in die Sterne,
In diese unglaubliche,
Wunderschöne,
Unendliche Ferne.

Ich frag mich,
Wo alles hin ist.
Wo du bist.

Nichts
Scheint so toll,
So schillernd und perfekt
Wie die Vergangenheit.
Ich habe wirklich lange gebraucht,
Doch mich letztendlich befreit.

Ich lass sie hinter mir,
Ich bin bereit;
Schaue in den nächtlichen Himmel
Und freue mich einfach
Über seine Schönheit.

Hass

Ich hass, wie krass mich das
Mit uns fertig macht.
Du hast ja keine Ahnung,
Hab seit Wochen kaum gelacht;
Schlag auf den Boxsack,
Mit blinder Wut,
Stell mir vor, das bist du;
Hau mit der blanken Faust drauf,
Mir reißt schon die Haut auf,
Hände blutverschmiert und taub,
Doch ich hör nicht auf.
Ich hab an uns geglaubt,
Auf uns vertraut,
Und du hast mit Füßen getreten,
Was wir hatten
Und hätten haben können.
Ich wünschte, ich könnte dich dafür hassen,
»Fick dich« sagen, das mit uns einfach lassen
Und neu beginnen,
Eine Neue finden;
Und als es vorbei war, dann
Gab es viele, die ich fand,
Doch die waren alle uninteressant,
Egal, wie toll und attraktiv,
Dafür waren die Gefühle zu dir noch viel zu tief.
Unfassbar, dass das
Mit uns schief lief
Und schief läuft, bis heut;
Unfassbar,
Wie nah Hass manchmal
An Liebe liegt.

Meine Augen blutunterlaufen,
Bin schlaflos, nachtaktiv,
Die Playlists »Depressiv« und »Aggressiv«
Spielen abwechselnd in Dauerschleife.
Ich hass mich, dass ich
Dich so vermisse, dich,
Meine Kleine,
Von der ich meinte,
Sie wär die Eine;
Doch jedes Mal dieselbe Scheiße,
Kein Ja, kein Nein,
Ich lach, ich wein,
Ich verdränge und scheiter',
Denn dann kommst du wieder an,
Sagst, dass du nicht ohne mich kannst,
Und wir machen weiter, immer weiter,
So lange bis einer
Von uns daran zerbricht,
Und ich hab die leise Ahnung,
Das bin ich.

Feig

Aus meiner Seele steigt dunkler Rauch auf,
Ich hör immer dasselbe Lied
Mit aggressivem Beat,
Seit Stunden, viel zu laut,
Bin bald taub
Und freu mich schon drauf.
Ich bin außer mir, will schreien,
Mir die Haare, Augen und Haut ausreißen.
Was soll die Scheiße?
Ich hab keinen Bock mehr,
Herz und Kopf immer leerer,
Je länger ich mir das antu'.
Da geh ich hundert Schritte auf dich zu,
Geh durch die Hölle, egal, wie weh es mir tut,
Doch du traust dich nicht mal den allerkleinsten,
Bist zu unfähig, hast überhaupt keinen Mut,
Du kleine Schisserin,
Du willst zwar lieben,
Aber nichts riskieren,
Deinen Seelenverwandten finden,
Lässt aber niemanden an dich hin, denn
Das würde ja heißen,
Man müsste sich mal verletzlich zeigen
Und sich auf was einlassen,
Ohne irgendwelche Sicherheiten.
Und je länger ich mir das mit dir gebe,
Desto weniger bin ich ich
Und erkenn mich
Schon selbst nicht mehr.
Ich glaub, dass es das Beste wär,
Wenn ich mich zum Teufel scher.
Endlich.

Von uns zwei war ich der Einzige,
Der uns wirklich wollte.
Und ich weiß, dass ich das nicht sollte,
Weil du auch das
Nicht verdient hast,
Doch ich geb dir trotzdem einen Tipp:
So, wie du lieben willst, wird das nix.
Nie.
Du verrottest für immer und ewig
Ohne Münze am Ufer deines ganz persönlichen Styx
Und ertrinkst irgendwann vor Einsamkeit,
Denn, meine Liebe, glaub mir,
Eins wirst du nie sein:
Bereit.
Denn dafür bist du einfach zu feig.

Gegenstück

Eins und eins ergab drei,
Denn wir waren zu zweit
Bei weitem
Größer als die Summe
Der einzelnen Teile.

Und wenn mich jemand fragte:
»Was soll das mit euch werden?«,
Sagte ich: »Der Himmel auf Erden.«

Wir waren magnetisch,
Passten wie zwei Pole,
Plus und Minus,
Mit einer Anziehung,
So stark, dass ich dachte,
Das Leben trennt viele,
Aber nie uns.

Die Zeit ohne dich zerreißt mich,
Macht mich verrückt;
Ich war dein Gegenstück
Und du meins.
Wir hätten es gehabt,
Das Ticket ins Glück,
One-way, ohne Zurück.

Doch du sagtest kurz vor dem Abflug Nein,
Hast die Reisewarnung gelesen und ließt es sein.
Schade. Sehr schade.
Aber glaub mir, wenn ich sage,
Lässt man sich von sowas verschrecken,
Wird man die Schönheit der Welt nie entdecken.

Abschied

Du weinst, ich weine,
So lange, bis ich schon wieder meine,
Vielleicht
Bist du ja doch die Eine.
Aber du hast schon so viel verbockt;
Bei allem, was uns betrifft,
Kann ich dir kaum mehr vertrauen;
Sind das deine wahren Gefühle
Oder ist das mal wieder nur eine deiner Launen?
Ich schau
In deine wunderschönen Augen,
Auf deine Haare aus Gold,
Du sagst jetzt zwar etwas anderes,
Aber du hast es – bis heute – nie wirklich gewollt.

Und ich bin
Jetzt nicht mehr so blind.
Ich hab mich oft gefragt: »Sind
Wir füreinander bestimmt?«
Aber die Antwort lautet offensichtlich Nein;
Das Leben hat wohl einen anderen Plan mit uns,
Es sollte einfach nicht sein.
Denn Chancen hatten wir viele,
Doch nun ist's vorbei.
Ich hoffte, dass mehr von uns bliebe,
Trotzdem wünsch ich dir nur das Beste;
Mach's gut, meine Liebe.

Urknall

Bin auf der Suche, rastlos,
Doch alles, was ich finde,
Ist nur ein schwacher Trost.

Wenn wir uns küssten, dann
Hielt für einen Moment die Zeit an;
Und für diesen kurzen Augenblick
Wussten wir, was Glück ist.

»Ich hoffe und wünsche mir noch,
Dass ich dich sehe,
Wenn ich vor meiner Haustür stehe
Und mich umdrehe«,
Ging es mir noch oft
Durch den Kopf.

Aber auch das ging alles vorbei.
Ein Glück, dass einen die Zeit heilt
Und irgendwann befreit.

Doch man trifft sich nie aus Zufall,
Und das mit uns
War für mich der Urknall.

Ein andermal

Ich hab uns schon gesehen,
Wir beide, Hand in Hand,
Reisen um die Welt,
Jung und lebenshungrig,
Tun was uns gefällt.

Oder ein andermal,
Wir beide, Hand in Hand,
Zu zweit
Standen wir da,
Sagten uns Ja,
Ich im schwarzen Sakko,
Du im weißen Kleid
(Auch, wenn ich weiß,
Weiß ist eigentlich nicht dein Style),
Wir beide, für die Zukunft bereit.

Oder ein andermal,
Wir beide, Hand in Hand,
Am Strand,
Aber nicht nur wir zwei,
Sondern auch drei Mal wir in klein.

Oder ein andermal,
Wir beide, Hand in Hand,
Mit weißem Haar,
Noch immer das perfekte Paar.

Doch leider wird nicht jeder Traum
Auch wirklich wahr.
Mein Herz steht in Flammen.
Wir sind nicht mehr wir,
Das wird mir nur langsam und schmerzlich klar.

Ich fühlte mich bei dir zu Hause,
Konnte dir vertrauen,
Sah nicht nur Ehrlichkeit und Schönheit,
Sondern auch meine Zukunft in deinen Augen.

Das Ironische an all dem ist,
Du hast überhaupt keine Vorstellung davon,
Wie wichtig du mir warst
Und bist.

Doch es ist vorbei,
Und alles, was bleibt,
Ist die Erinnerung
An die schöne, die schmerzhafte,
Die unglaubliche und verrückte Zeit.

Versprich mir eins:
Denk an uns mit einem Lächeln,
Wenn du eins der Lieder hörst,
In den Himmel blickst
Oder alleine bist.

Und vielleicht träumst du ja auch manchmal,
So wie ich,
Von einer anderen Welt,
In der du noch bei mir bist.

Aber vielleicht auch nicht.

Vielleicht ist alles,
Was wir füreinander haben sein sollen,
Nichts als ein Wachrüttler
Oder ein Wegweiser
Zu etwas oder jemand noch Tollerem.

Nur der Funke,
Der das Feuer entfacht,
Das unendlich stark brennt und
Das endlich Licht und Wärme bringt,
In die dunkle Nacht.

Nichtsdestotrotz,
Ich sag niemals nie.
Vielleicht ist ja irgendwann
Die Entfernung kleiner,
Der Wille stärker,
Das Herz bereiter,
Die Gelegenheit da,
Vielleicht klappt's mit uns dann ja
Ein andermal.

Juli

Natürlich vermisste ich es. Wer nicht? Aber wenn mal ein paar Liebschaften in die Brüche gegangen sind und sich seitdem fast alles nur noch wie oberflächliche Triebbefriedigung anfühlt, stumpft man eben emotional ab und verliert langsam aber sicher den Glauben daran, dass da irgendwann nochmal irgendwas kommt. Etwas, das einen richtig vom Hocker haut. Diese eine Person, bei der einem regelmäßig das Herz auf und ab hüpft, mit der man voll und ganz auf einer Wellenlänge ist, an der man sich nicht sattsehen kann, die einen fasziniert, bezaubert, mit der man einschlafen und aufwachen will.

Tja, die sucht man. Findet sie aber nicht.

Das glaubte ich zumindest.

Als ich sie das erste Mal sah, dachte ich mir noch nicht viel dabei. Sie sah atemberaubend aus, also sagte ich Hallo. Doch zu mehr als Facebook-Kontakten wurden wir nicht.

Ein paar Monate später wurde eine Kurzgeschichte von mir veröffentlicht, die ich dann auch postete. Ich hätte nie gedacht, dass ausgerechnet das der Auslöser sein würde.

»Ist schön, gefällt mir«, schrieb sie mir daraufhin. Zwei Wochen später buchten wir einen gemeinsamen Städtetrip.

Total schräg, dachte ich, mit einer quasi Fremden Urlaub zu machen und ein Bett zu teilen. Klar, wir verstanden uns beim Chatten ziemlich gut, aber wir hatten uns höchstens 15 Minuten im echten Leben gesehen und unterhalten – unter anderem, weil wir sechs Autostunden voneinander entfernt wohnten.

Da stand sie nun, am Hauptbahnhof, an diesem bilderbuchmäßigen Sommertag. Sie lehnte sich an ihrem roten Trolley an und lächelte mir zu. Ihr Lächeln war spielerisch, echt, rein. Da wusste ich sofort: so verkehrt konnte das hier nicht sein.

Es ist schon komisch, wie das Leben manchmal spielt, mit all seinen Absurditäten und Zufällen. Ich dachte, dass ich sie nie wiedersehen würde. Und schon am zweiten Tag des Ausflugs liefen wir Hand in Hand am Hafen entlang und küssten uns im roten Schein der untergehenden Sonne. In diesem Augenblick stellte ich fest, dass es Momente gibt, in denen einfach alles stimmt. Die mehr wert sind als alle Reichtümer dieser Welt. Momente, die einem nichts und niemand mehr nehmen kann.

Nach dem Aufstehen am nächsten Morgen schaute ich ihr vom Bett aus dabei zu, wie sie sich anzog. Die Sonnenstrahlen warfen einen goldenen Schimmer um ihre Silhouette, während sie sich gerade die Haare zusammenband. Das Ganze lief wie in Zeitlupe vor meinen Augen ab. Wahnsinn, dachte ich. Ich sah sie an, staunte und lächelte. Sie lächelte zurück. Entwaffnend.

Wir waren beide total überrascht, wie gut wir uns verstanden. Ich fühlte mich bei ihr zu Hause, geborgen, aufgehoben, konnte mich fallen lassen und so sein, wie ich bin. Ich war schon skeptisch, denn es war mir noch nie passiert, mich so schnell so blind mit jemandem zu verstehen – doch mit ihr wirkte es wie eine Selbstverständlichkeit.

Sie war grandios. Entspannt, locker, unkompliziert, spontan, offenherzig. Sie studierte Englisch und Sozialwissenschaften, hörte Hip-Hop, trug Chucks, machte gerne Sport und war unbeschreiblich schön.

Wir sahen uns die Stadt an, frühstückten verrücktes Zeug, kauften Second-Hand-Bücher, gingen in Museen und Stripclubs, machten eine Bootstour, hatten an abgefahrenen Orten Sex, fuhren beide zum ersten Mal Motorroller, picknickten am Flussufer, badeten am Strand, kochten gemeinsam und philosophierten bis tief in die Nacht.

Wir versuchten es, so gut wir konnten, schafften es aber leider nicht, den einen großen Wermutstropfen zu ignorieren, den es die ganze Zeit gab. Denn wir beide wussten, dass dieser ganze schöne Traum ein Ablaufdatum hatte. Scheiß Vergänglichkeit. Da hatte ich seit einer Ewigkeit einmal wieder einen Hauch von Gefühlen verspürt, und dann das.

Ich sah ihr dabei zu, wie sie ihren roten Trolley in den Kofferraum ihrer Mitfahrgelegenheit räumte. Dann drehte sie sich um. Sie setzte ein bemühtes Lächeln auf, doch ich erkannte eine Träne, die sie nicht verstecken konnte. Ich sah sie an und verlor mich einmal wieder in ihren Augen. Sie erschienen von weitem grün, bei genauerem Betrachten waren sie aber ein Meer von Farben, das ich, ohne mich zu langweilen, stundenlang betrachten konnte.

»Machen wir's kurz und schmerzlos«, sagte sie.

Ich wollte ihr einen Abschiedskuss geben und ging auf sie zu – kam ihr aber nicht näher. Im Gegenteil. Sie stand nur da, bewegte sich nicht, doch die Distanz zwischen uns vergrößerte sich mit jedem Schritt, den ich in ihre Richtung machte. Ich war verwirrt und ging schneller. Es brachte nichts. Ich lief, rannte und sprintete schließlich, doch je mehr ich mich anstrengte, desto weiter wuchs die Entfernung. Ich hatte Atemnot und Krämpfe in den Beinen, als ich schließlich stehen blieb und ihr nachsah. Sie lächelte bedrückt, enttäuscht, und winkte mir zum Abschied zögerlich zu. Ich war verzweifelt. Als sie sich umdrehte und davonlief, schrie ich ihr nach, dass sie auf mich warten solle, doch es nutzte nichts. Sie schien mich gar nicht zu hören. Alles, was ich noch tun konnte, war, ihr hinterherzuschauen. Ihr langes goldenes Haar mäanderte elegant ihren Rücken herunter. Die Sonne schien durch die Blätterdächer der ringsum stehenden Bäume und wurde immer stärker. Ihr Haar reflektierte die Strahlen und blendete mich mehr und mehr. Nach ein paar Sekunden war es so grell und heiß, dass ich nichts mehr sehen konnte und die Strahlen auf meiner Haut qualvoll brannten.

Da schreckte ich auf einmal hoch. Ich atmete schnappartig und schaute mich hektisch um. Ich war in meiner Wohnung und hatte mal wieder vergessen, die Rollos runterzulassen. Die Sonne knallte mir voll ins Gesicht.

Das wirklich Schmerzhafte war aber, dass das alles nur ein Traum gewesen war. Wie aus einem anderen Leben, in das ich wieder zurückwollte. Ich ließ mich in mein Kissen fallen und starrte seufzend an die Decke. Ich kratzte mir den Schlafsand aus den Augen und verlor mich kurzerhand in Gedanken.

Ich drehte mich zur Seite. Nach einer Weile beruhigte sich mein Herzschlag und ich war kurz davor, wieder einzudösen, als ich auf einmal hörte, wie im Bad etwas auf den Boden fiel. Und der Wasserhahn aufgedreht wurde. Noch halb schlaftrunken stand ich auf und ging hinein.

»Guten Morgen«, sagte sie.

Herz

Wir stehen im Becken der Therme,
Eng zusammen,
Doch nicht nur das bietet Wärme,
Denn ich höre sie schwärmen.
Ich nehme sie in die Arme
Und drücke sie fest an mich.
Sie legt ihren Kopf auf meine Schulter
Und flüstert: »Ich will dich
Für jetzt und für immer,
Will mit dir lachen, weinen, alt werden
Und viele Kinder.«

Wenn man so lange da draußen ist
Und immer nur die Falschen trifft,
Ist es unglaublich:
Alles passt, kein Kompromiss,
Als wartete ich mein ganzes Leben nur auf dich.
Das war für mich,
Wie im Paradies zu stranden.
Ich konnte kaum glauben,
Dass wir uns tatsächlich fanden.

Ich fing immer mehr an, zu hoffen,
Bis zum ersten Zwischenfall,
Als du sagtest, das mit uns sei doch offen
Und da wird sowieso keine Beziehung draus;
Da gingen bei mir alle Lichter aus.

Und eigentlich wär's das gewesen, vorbei und Schluss,
Doch wenn sie meine Hand hält,
Weiß ich, das mit uns
Ist einzigartig auf der Welt.

Du kamst auf mich zu,
Zeigtest, wie leid es dir tut,
Und langsam, Stück für Stück,
Gabst du mir meine Hoffnung zurück.
Und es verblasste der ganze Schmerz,
Als du zu mir sagtest:
»Bleib bei mir, mein Herz.«

Doch schon drei Wochen später
Sah wieder alles anders aus.
Da kamen wir uns endlich wieder näher,
Und dich überkamen die Zweifel,
Dass wir ja keine Zukunft hätten,
Es sei alles zu unsicher
Und nicht zu retten.

Dann viel Hin und Her,
Kopf und Herz schwer,
Bis zu dem magischen Wochenende;
Doch schon wieder nahm das mit uns
Weder einen Anfang, noch ein Ende.

Ich konnte damit nicht umgehen,
Musste den Kontakt abbrechen, umgehend.
Es fiel mir unfassbar schwer,
Doch ich wusste, dass das so besser für mich wär.
War vor Liebe noch blind, denn
Ich wollte dich immer noch,
Aber versuchte irgendwie,
Damit meinen Frieden zu finden.

Und ich war auf einem guten Weg,
Doch dann
Rufst du mich an,
Redest davon, mich zu vermissen,
Dass du nicht ohne mich kannst,
Wie wichtig ich dir bin,
Dass du es gern versuchen würdest mit mir.
Doch alles, was du sagst,
Lässt mich erschreckend kalt, denn
Dein ganzes Verhalten,
Alle deine Taten
Zeigen mir:
Alles andere
War und ist dir
Wichtiger als wir.

Doch ich gab dir noch eine Chance,
Das konnte niemand verstehen;
Aber naja, ist man hoffnungsloser Romantiker,
Ist das wohl das Problem.

Und bei unserer letzten Krise
Wollte ich dich kämpfen sehen;
Doch leider war deine Devise,
Einfach alles hinzunehmen
Und aufzugeben.
Das machte mich fertig, während der ganzen Zeit,
Immer wieder,
Diese fatalistische, resignative Gleichgültigkeit;
Denn das Gegenteil
Von Liebe ist nicht Hass,
Sondern genau das.

Und du hast nicht protestiert,
Widersprochen oder rebelliert,
Bist nicht eingestanden für mich oder uns,
Warfst dich in keinen Schuss,
Hast nur mit den Schultern gezuckt
Und gemeint:
»Es ist wohl schon zu viel kaputt.«
Doch das Einzige, was gebrochen war,
War dein Wille;
Ach, Quatsch – der war nie da.
Und das zeigte mir mal wieder,
Was du fühltest, war nie Liebe,
Du willst einfach nur das,
Was du nicht haben kannst.

Du schwanktest immer zwischen Schnee-Engel
Und Eisprinzessin,
Und sobald deine Tränen fest sind,
Bin ich wahrscheinlich schon vergessen,
Einer von vielen und Schnee von gestern.

So sehr ich es wollte
Und überzeugt war von uns,
Wenn ich es mal im Ganzen betracht',
Hab ich wegen dir mehr gelitten als gelacht.
Doch das alles wäre mir egal gewesen,
Denn wenn ich in unsere gemeinsame Zukunft sah,
War alles wunderbar.
Aber ich muss es beenden,
Es hat keinen Sinn, denn
Ich war scheinbar
Doch nur die Probefahrt.

Und so schließe ich also unser Kapitel ab;
Dabei hab ich gedacht,
Das ist kein Luftschloss, was ich da errichte;
Ich dachte wirklich,
Du wärst meine niemals endende Geschichte.

Ich hab das nie gesagt
Und nie geschrieben,
Hab es immer vermieden,
Auch in meinem letzten Brief;
Deshalb hoffe ich,
Dass du das hier irgendwann liest,
Denn du sollst einfach nur wissen:
Ich habe dich geliebt.

Wiedergeburt

Ach ja,
Wenn nicht dafür,
Wofür sind wir dann da?
Was täten wir nur,
Ohne diese wunderbare Achterbahn?
Mal ist man obenauf,
Mal geht's bergab,
Und in ihrem eigenen,
Mal heiteren, mal leidenden Takt
Spielt die Liebe
Ihre merkwürdigen Lieder.

Es wird nie mehr werden,
Wie es war,
Und irgendwann wirst du merken,
Es war sowieso besser so,
Denn die andere Person
Und du, ihr habt euch nicht gut genug verstanden,
Passtet nicht gut genug zusammen,
Sonst wäre das Ganze
Gar nicht erst zu Ende gegangen.
Wichtig ist, dass du loslässt.
Lass das Vergangene vergangen sein
Und nimm sie vom Podest.
So toll war sie nicht,
Denn sie hat nicht mal verstanden,
Wie großartig du bist.
Und hast du, wie ich,
Viel Liebe zu geben,
Dann ändere dich nicht,
Sondern behalte das bei, dein ganzes Leben,
Und lass dich von ihnen nicht verschrecken.

Denn diejenigen,
Die es nicht annehmen,
Sind selbst schuld;
Wenn sie dich nicht zu schätzen wissen,
Können sie sich gerne verpissen.
Denn wenn sie nicht erkennen, wie toll man ist, dann
Weiß man, man ist ohne sie besser dran.

Konzentriere dich auf dich,
Bastle an deinem neuen alten Ich,
Bis der Schmerz
Zur Erfahrung und Lektion geworden ist.

Manchmal muss man erst sterben,
Um wieder leben zu lernen
Und um weiser und stärker
Wiedergeboren zu werden.

Und mit der Zeit
Wirst du feststellen,
Dass die Wunde heilt,
Auch wenn dir eine Narbe bleibt.
Und die ist nicht schlimm, sondern was Schönes,
Denn sie ist der Beweis,
Der zeigt,
Dass du wirklich lieben kannst,
Dass du kein Schisser bist,
Sondern voller Leidenschaft
Und frei von Angst,
Denn Leidenschaft heißt,
Man ist zum Leiden bereit
Und dafür, dass es vielleicht
Nicht klappt,
Man es aber trotzdem macht.

Und keine Angst,
Du schaffst es irgendwann,
Dass du ihr vergeben kannst,
Voll und ganz.
Dann bekommt die Erinnerung den Glanz,
Den die Gegenwart damals hatte,
Und du schaffst es,
Dass du daran denken kannst,
Ohne dich zu plagen,
Ohne ihr etwas nachzutragen,
Dass du der Vergangenheit nicht hinterher trauerst,
Sondern einfach froh bist,
Das alles überhaupt erlebt zu haben
Und in der Lage bist, die schöne Zeit
Für immer in deinem Herzen zu tragen.

Du stehst vor einem Neuanfang.
Auch, wenn's jetzt noch weh tut
Und du das nicht glauben kannst,
Denk daran:
Die Liebe ist nie tot,
Sie wartet immer nur
Auf eine Wiedergeburt.

Teil II

Alles andere

Kaputt

Wir sind doch alle
Am Arsch,
Kaputt,
Emotional vernarbt
Und immer unter Druck.

Die Kunst,
Und das vergessen die meisten,
Ist es,
Einfach darauf zu scheißen.

Vergangenheit

Wenn du zu viel nach hinten blickst,
Hast du davon nichts
Außer Schmerzen im Genick.
Traurig sein ist okay und normal,
Aber nicht loslassen zu können,
Macht das Leben zu einer einzigen Qual.

Nichts wird besser vom Bedauern
Und Depressiv-in-einer-Ecke-Kauern.
Das Leben ist zwar sinnlos,
Aber schön.
Also, wo ist das Problem?

Die Zukunft liegt vor uns,
Die Welt uns zu Füßen,
Die Vergangenheit hinter uns,
Also begraben wir sie,
Mit schönen Grüßen.

Unentschlossen

»Ich weiß, wer ich bin,
Was ich will,
Was meine Träume und Ziele sind
Und die verfolge ich blind,
Egal, wie hoch sie sind,
Weil ich weiß,
Möchte ich sie mal erreicht haben,
Muss ich dafür etwas wagen«,
Das höre ich niemanden sagen,
Denn wir sind eine Generation von Angsthasen.

Wir leben in der besten Zeit,
Doch sind zu nichts bereit.
Alles ist möglich,
Doch dazu müssten wir uns entscheiden,
Auf manches verzichten und vielleicht etwas leiden
Und das wollen wir vermeiden;
Wir gehen nicht gern ein Risiko ein,
Denn jede Entscheidung könnte ja die falsche sein.

Und bevor eine Entscheidung die falsche ist,
Macht man vorsichtshalber mal lieber nichts.

Verkopft

Ich zweifle an allem, jeden Tag.
An allem, was ich hass
Und an allem, was ich mag.
An allem, was ich mach
Und an allem, was ich vorhab.

Würd sie am liebsten einfach vergessen,
Doch bin von Zweifeln zerfressen.
Für jede noch so kleine Entscheidung
Brauch ich 'ne zehnte und elfte Meinung.

Fühl mich gleichzeitig alt und jung;
Und je mehr ich drüber nachdenke,
Auch ziemlich dumm.
Bin bei allem, was ich tue, unsicher
Und denk: »Oh, Mann!
Hoffentlich bleibt das nicht so, mein Leben lang.«

Ich suchte mal nach einem größeren Sinn, denn
Ich hoffte, irgendwo einen zu finden.
Doch egal, woher wir kommen,
Was wir tun und wer wir sind,
Am Ende sind wir doch nicht mehr
Als Staub im Wind.

Fühl mich manchmal fremd
In der Welt und im eigenen Leben,
Als würde ich zum Fenster rausschauen
Und nur Regen sehen.

Doch ich denk einfach: »Hakuna Matata!«,
Wenn's wieder soweit ist,
Denn, keine Angst, irgendwas gibt's da schon noch,
Ich weiß es.

Hoffentlich.
Aber wieso auch nicht?
Die Zukunft bleibt ungewiss,
Doch das Schöne daran
Ist ja,
Dass man jeden Tag überrascht werden kann.

Wer weiß, was kommt,
Vielleicht bin ich schon morgen
Der glücklichste Mensch
Und ganz ohne Sorgen.

Ich muss nicht wissen,
Ob alles gut wird;
Es reicht, wenn ich das glaub.
Also mach ich jetzt das Beste draus
Und schalte den Kopf endlich aus.

Angst

Manchmal wünschte ich, ich wär mutiger
Und machte mir weniger Gedanken und Sorgen.
Ich wünschte, dass ich manchmal anders wär
Und dächte mehr an heut und weniger an morgen.
Lächerlich, ich hab Angst vor so viel Dreck,
Doch krieg ihn aus meinem Kopf nicht weg.

Angst, was zu verpassen,
Angst vor dem Alleinsein,
Angst, was zu vermasseln,
Angst, nicht perfekt zu sein.
Angst vor Entscheidungen,
Angst vor Verpflichtung,
Angst vor negativen Meinungen,
Angst vor der falschen Richtung.

Angst vor dem Altern und Alleinesterben,
Der Zukunft, Arbeitslosigkeit und dem Dickwerden,
Vor Sonnenbrand und schlechten Cholesterinwerten,
Vor Zucker, Butter, einer bösen Schwiegermutter,
Vor Kratzern im Laminat und Schimmel im Bad,
Vor Zurückweisung, dem Wort »Nein«,
Davor, bei etwas nicht mitreden zu können,
Ausgeschlossen oder der Letzte zu sein.
Angst vor zu wenig Likes
Und ganz viel anderem Scheiß.

Was bin ich froh, dass das vorbei ist;
Denn als ich feststellte,
Wie vieles außerhalb meiner Kontrolle liegt
Und dass es im Leben nie etwas zu verlieren gibt,
Hatte ich die Angst besiegt.

Auf uns

Ich hab keinen Bock mehr.
Heute hör ich auf,
Pack meine Sachen
Und bin raus.

Will mich nicht mehr
Fragen, wer ich bin,
Fragen, wohin,
Fragen, wozu das alles,
Bis meine Seele alt
Und mein Körper kalt ist.

Ich werd mein Leben
Ab jetzt selbst lenken.
Heute ist der Tag,
An dem ich aufhör,
Zu denken.

Diese ganze Scheiße
Ist mir heute bums.
Wir trinken heute
Auf den Tod,
Auf das Leben
Und auf uns.

Scheitern

Du glaubst nicht,
Wie mich Leute aufregen,
Die ständig aufgeben.
Sorry, doch nur ein Versager
Sagt immer: »Aber, aber...«
Wie will man denn irgendetwas meistern,
Hat man ständig Angst vorm Scheitern?

Manchmal liegt man eben daneben
Oder hat Selbstzweifel,
Doch du solltest lernen, darauf zu scheißen
Und damit zu leben.

Hör nicht auf, sondern mach weiter,
Denn Niederlagen sind im Leben unvermeidbar.
Davon dürfen wir uns nicht unterkriegen lassen,
Denn es ist dumm,
Etwas nicht zu machen,
Aus dem einzigen Grund,
Es vielleicht nicht zu schaffen.

Denn das Gute ist ja, dass
Auch, wenn mal was nicht klappt,
Man was daraus gelernt hat.

Und die tollsten Dinge im Leben
Wird man nie erhalten,
Wenn man nicht bereit ist,
Auch mal auf die Schnauze zu fallen.

Und sollte jemand meinen,
Noch nie gescheitert zu sein,
Ist das entweder eine Lüge
Oder er oder sie
Ließ sich einfach noch nie
Auf irgendetwas ein.

Wenn mir etwas wichtig ist, dann
Tu ich dafür immer alles, was ich kann.
Und ich würde jederzeit lieber
Alles riskieren,
Kämpfen,
Verlieren
Und verbluten,
Als es gar nicht zu versuchen.

Kind sein

Die Kleinen
Sind schon zu beneiden.
Sie leben den Moment
Und machen sich kaum Gedanken;
Zumindest so lange,
Bis die Erwachsenen sie in eine Form pressen
Und auch zu welchen von ihnen machen, zu kranken,
Kaputten, verbohrten und gestressten Menschen,
Zu solchen, die nur über das Schlechte sprechen;
Und dafür sollen sie sich später sogar noch bedanken.

Ich würde gerne nochmal ein Kind sein,
Zurück in die Zeit
Voller Spaß, Abenteuer
Und ohne Arbeit.
Als noch alles zwanglos war,
Neu, verblüffend und wunderbar;
Und eins der größten sogenannten Probleme
War, ob ich beim Malen
Holz- oder Filzstifte nehme.
Als es noch so viel zu lernen und entdecken gab,
Als man, wenn man was nicht wusste, einfach fragte,
Und zwar Menschen, nicht Google;
Als man von all dem Trubel,
Der Hektik und Rastlosigkeit
Noch unberührt blieb
Und glücklich einschlief.

Als man noch lebte,
Ohne alles zu hinterfragen
Und einfach nur da war, um Spaß zu haben.
»Wollen wir spielen?« oder
»Willst du mein Freund sein?«
Waren damals ganz normale Fragen.

Als man noch lebte,
Ohne Bedauern, ohne Reue, ohne Frust,
Ohne den Drang,
Dass alles einen Sinn haben muss.
Als man noch etwas tat,
Einfach um der Tätigkeit Willen,
Ohne ein Ziel,
Ohne den Zwang,
Dass ein Ergebnis dabei herausspringt,
So absurd das auch für uns Erwachsene klingt.
Und das daran vielleicht Beste:
Dass man nicht an die Zukunft dachte;
Zumindest nicht weiter, als bis zum Mittagessen
Oder bis zu einem der damals noch tollen Feste.

Was kommt, kommt irgendwann,
Und da, wo wir hingehen,
Da sind wir dann.
Ganz einfach.
Und vielleicht wäre auch unser Leben leichter,
Würden wir mehr darauf achten,
Uns selbst mehr Freuden,
Weniger Gedanken
Und keine Sorgen mehr zu machen.
Immerhin konnten wir das als Kind,
Und, wenn wir uns Mühe geben,
Auch heute, ganz bestimmt.

Funkeln

Alles scheint so ideal,
So perfekt, so gemalt,
Keine trübe Miene, alles strahlt;
Fast schon unheimlich.
Alles zeigt sich
Fleißig von der besten Seite,
Weil man Likes will,
Als ob man dafür einen Preis kriegt;
Jeder Einblick kleinlich bearbeitet,
Alles außer makellos ist peinlich.

Da nagt an einem die innere Stimme,
Denn alle sind größer, schöner,
Erfolgreicher, talentierter, außergewöhnlicher
Und erleben die tollsten Dinge.
Kein Wunder, nehmen Depressionen zu,
Sagt uns doch Social Media jeden Tag:
»Du bist nicht genug!«
Und leider fühlt man sich auch schlecht,
Selbst wenn man weiß:
Das ist alles nicht echt.
Dabei ist das Leben viel,
Aber kein Highlight-Reel.
So ein Profil
Zeigt von einem Leben nicht mal ein Prozent;
Und auf jeden tollen Fotomoment
Kommen zigtausend alltägliche,
Die jeder schon kennt.

Auch die scheinbare Perfektion
Von jeder Seite
Ist nur eine Illusion
Und eine gewaltige Scheiße.
Niemand hat alles
Und niemand wird je alles haben,
Also entspann dich und vergiss,
Was deine Social-Media-Feeds dir sagen.

Wir sind alle gleich im Dunkeln,
Egal, wie hell die da im Internet funkeln.
Mach dein Handy einfach mal aus
Und geh raus,
Denn schaut
Man jemandem in der Realität ins Gesicht,
Funktioniert der Instagram-Filter nicht.

Die anderen

Hab ich alles richtig gemacht?
Hab ich was verpasst?
Was, wenn ich was nicht schaff?
Bin ich genug?
Trau ich mir das zu
Oder bin ich darin nicht gut?
Und mit der Zeit
Wird der Druck nicht gerade kleiner,
Denn blick ich mich um,
Sind irgendwie alle besser, weiter,
Schneller, schlauer und erfolgreicher.
Doch das Ironische an dem Ganzen:
Es geht ihnen nicht anders,
Den anderen.
Natürlich haben wir das Gefühl,
Wir würden nicht reichen,
Wenn wir uns immerzu vergleichen;
Das Gras ist schließlich immer grüner
Auf der anderen Seite.
Dabei gibt's wirklich Wichtigeres
Als den permanenten Wettbewerb;
Und ich hoffe, dass das auch für dich so ist,
Denn das ist der Dreck nicht wert.

Natürlich ist es nicht schlecht,
Was erreichen zu wollen
Und Ziele zu verfolgen.
Klar kannst du dich verbessern,
Wenn du das willst;
Sei mutig, diszipliniert und ehrgeizig;
Nur nicht vergessen:
Du musst es nicht!

Denn die ultimative Form der Selbstoptimierung ist,
Dich einfach so zu akzeptieren
Und zu lieben,
Wie du bist.
Bedingungslos, ohne Wenn und Aber;
Mach dir klar,
Dass dir nichts fehlt,
Nie etwas fehlen wird,
Alles bereits perfekt ist
Und schon immer war.

Und fast alles, was du wirklich willst,
Kannst du auch werden,
Erreichen oder lernen.
Vielleicht nicht jetzt, vielleicht nicht gleich,
Aber irgendwann mit Sicherheit.

Und dann sind wir eben nicht
Die Ersten, Tollsten oder Besten,
Doch wir sollten nie vergessen:
Wie und woran wir uns und unser Leben messen,
Liegt in unserem eigenen Ermessen.
Und wenn wir das verstanden haben,
Hören wir auf mit dem Vergleichen;
Und was die anderen machen oder meinen,
Lassen wir dann deren Sorge sein.

Polarisieren

Ich ecke lieber an,
Sage jedem Arschloch und jedem Zweifler,
Dass er mich mal kann,
Stehe für meine Werte ein und
Lass mir nichts gefallen,
Denn wie lächerlich, klein und
Heuchlerisch ist es denn,
Steht man nicht hinter der eigenen Meinung?

Ich lass mich von niemandem unterkriegen,
Werde mich niemals verbiegen
Und werde lieber
Von tausenden
Verurteilt und gehasst,
Verachtet und ausgelacht
Und dafür von ein paar wenigen
Nicht nur akzeptiert,
Sondern bedingungslos geliebt,
Für das, was ich wirklich bin.
Denn sich zu verstellen,
Das hat überhaupt keinen Sinn.

Ich verrate mich selbst doch nicht,
Um jedem zu gefallen;
Denn auch, wenn mich
Dann der ein oder andere nicht mag,
Behalte ich
Meine Selbstachtung und mein Rückgrat.

Sicherheit

Man denkt immer weit,
Dabei ist nichts klar und alles neblig;
Sowas wie Sicherheit
Gibt es eh nicht
Und in der Regel
Hält nichts für ewig.
Das ist aber auch nicht schlimm,
Denn immerhin
Fängt man,
Wenn man weiß,
Dass man jederzeit
Alles verlieren kann,
Erst richtig zu leben an.
Denn wenn du nicht um jeden Dreck bangst,
Hat sie keine Macht, die Angst.
Mach dich nicht verrückt
Wegen irgendeinem Scheiß,
Übertreib's nicht mit dem Fleiß
Und acker' nicht nur für Sicherheit,
Denn das letzte Hemd hat keine Taschen
Und am Ende sind wir alle gleich:
Ein Haufen Asche.
Lass los.
Lass die anderen ruhig das denken, jagen und machen,
Von dem sie glauben, das sie sollen,
Doch hör du wenigstens auf,
Immer alles kontrollieren zu wollen.

Bald geht's los

Nur noch dieses und jenes fertig machen,
Die Schule, das Studium,
Der Berufseinstieg muss klappen,
Damit dann,
Irgendwann,
Das Leben endlich richtig beginnen kann.
Ah, halt, ich vergaß
Die Frau, die Kinder, das Auto und das Eigenheim.
Jetzt aber weißt du wirklich, was es heißt,
Für's Leben bereit zu sein.

Infrage stellen wir ihn kaum,
Den Sparkassen-Traum.
So werkeln wir emsig vor uns hin, unbeirrt,
Und bereiten uns auf eine perfekte Zukunft vor,
Die niemals kommen wird.
Denn irgendwas wird immer fehlen,
Nicht passen, dich ärgern oder quälen.
Denn auch noch, wenn du alles hast, dann
Fragst du dich:
»Wann fängt das Leben endlich an?«

Was die Lösung dafür ist,
Weiß ich nicht.
Wir sind nur Menschen,
Wollen immer mehr, sind nie zufrieden.
Ich weiß lediglich,
Es hilft nicht,
Von einer Idealvorstellung getrieben,
Das Leben auf die Zukunft zu verschieben.

Perfekt

Nein,
Nichts ist perfekt,
Und nichts wird es jemals sein.

Du bist nie zufrieden mit dir oder anderen,
Siehst überall nur Makel, Fehler und Stuss,
Statt Schönheit, Freude und Überfluss;
Hat etwas kein Verbesserungspotenzial,
Ist es dir egal.

Nichts ist genug,
Nichts reicht,
»Gut« ist für dich nicht gut,
Sondern ein einziger Scheiß,
Weil es immer besser geht
Und du das ganz genau weißt.

Willst unbedingt alles richtig machen,
Die großen, kleinen,
Wichtigen und unwichtigen Sachen.
Jede Nuance und jedes Detail muss stimmen,
Du willst immer dein bestes Selbst sein,
Außen sowie innen.

Und egal, was du tust,
Alles ist dringend,
Bedeutend, lebenswichtig,
Jeder Grund ist triftig,
Nichts lässt dir Ruhe,
Alles treibt dich um,
Doch strebt man nach Perfektion, ist man nur eines:
Dumm.

Feuer

Das wirklich Absurde ist,
Es mangelt mir nicht an Grips,
Bereitschaft, Energie oder Zeit,
Sondern einfach daran,
Dass ich nicht weiß,
Wohin mit dem Scheiß.

Ich hätte gerne etwas,
Wofür ich richtig brenne;
Wofür ich nicht nur laufe,
Sondern renne.

Keine Angst, das gibt's,
Du kennst es nur noch nicht.
Lass ab von den Dummschwätzern,
Von denen, die nur nach Kohle jagen,
Und auch von den Schwarzmalern,
Denn wer meint,
Dass es sowieso nichts Richtiges im Falschen gibt,
Hat wohl noch nie etwas (oder jemanden) geliebt.

Wenn um dich herum alle meinen:
»Die Schonfrist der Jugend ist vorbei!
Sich ausprobieren? Nein, nein, nein!«,
Und jetzt
Alles scheint nicht mehr scheint,
Wie ein Test,
Und es
Von allen Seiten
Schreit:
»Leg dich doch mal fest!«,

Dann antworte doch einfach mal mit:
»Was ich werden will?
Sei mir nicht böse,
Wenn ich dir sage,
Verpiss dich
Mit dieser Scheißfrage.
Ich kenne meine Zukunft nicht,
Nicht mal vage.«

Lehn dich entspannt zurück
Und lass dich nicht stressen,
Denn eins ist immer noch am besten:
Wenn dich was interessiert,
Dann probier's!
Denn Appetit kommt oft erst beim Essen.

Zeugnis

Streng dich an,
Gib immer alles, was du hast,
Doch du merkst irgendwann,
Dass du in deinem ganzen Eifer
Das Leben verpasst.

Vielleicht liegt's an unserer Kultur,
Denn ich will meinen,
Von allen großen Wünschen
Gibt's kaum einen,
Der so deutsch ist
Wie ein gutes Zeugnis.

Nach all den Jahren
Voller Blut, Schweiß und Tränen
Starrst du dann strahlend
Auf ein Blatt mit Zahlen.

Na herzlichen Glückwunsch.

Aber mach dir nichts draus.
Von der Geburt bis zum Tod
Läuft im Leben alles raus
Auf ein Blatt Papier
In DIN A4.
Die Frage ist nur,
Wieviel Zeit und Energie
Du dafür investierst.

Denn glaub mir,
Auch wenn mal was nicht glückt,
Mach dich nicht verrückt
Und übertreib es mit dem Ehrgeiz nicht,
Denn der einzige Sinn eines Zeugnisses ist:
Es öffnet irgendwann mal irgendeine Tür;
Und schon danach
Interessiert sich niemand mehr dafür.

Lebenslauf

Was hab ich bisher erreicht?
Einen Scheiß!
Zu wenig, alles nicht gut genug,
Zeitlich im Verzug;
Auch in dem Feld fehlt mir
Noch ein ganz schöner Brocken,
Und überhaupt, wie will ich mit den Noten
Irgendjemanden hinterm Ofen vorlocken?

Regelstudienzeit, ist ja wohl klar,
Noch ein Praktikum in den Ferien
Und ein Auslandssemester da,
Jede Menge Softskills
Und drei Fremdsprachen, wunderbar.
Ich tu alles,
Denn ich will ja in die engere Wahl.

Wir geben immer Vollgas, weil wir meinen,
Wir hätten sonst schlechte Karten.
Doch das Absurde ist, dass meistens
Nicht andere,
Sondern wir selbst viel zu viel von uns erwarten;
Und fast der ganze Druck,
Den wir scheinbar haben,
Ist selbstgemacht,
Ohne dass wir ihn jemals hinterfragen.

Was wir uns selbst damit antun,
Ist ganz schön dumm;
Denn der Lebenslauf
Sollte sich nach dem Leben richten,
Und nicht andersrum.

Überholspur

Du bist beharrlich und interessiert,
Entschlossen und motiviert,
Flexibel und engagiert,
Du hast ein Ziel, du kennst den Weg
Und alles, was den versperrt, wird weggefegt.

Geschwindigkeit ist essenziell
Als Young Professional,
Also gib Gas und alles, was du hast,
Sonst nimmt ein anderer deinen Platz.
Wofür hast du schließlich studiert?
Du weißt ganz genau: wer bremst, verliert.
Das ist unter keinen Umständen drin,
Schließlich willst du gewinnen
Und immerhin bist du inzwischen
Auf der Pole Position.

Nicht mehr lang, stell dich nicht so an,
Dein soziales Leben
Können dir auch die Kollegen geben,
Die paar Leichen bis dahin
Haben auch alle einen Sinn
Und das bisschen Qual
Auf dem Weg zum heiligen Gral
Kannst du ertragen, denn bald bist du dort,
Am allerschönsten Ort;
Bis zum Ende deiner Tage
Sitzt du dann in der Chefetage.

Jedem das Seine,
Viel Spaß im Geschwindigkeitsrausch.
Pass nur auf, dass du unterwegs keinen Unfall baust.

Zahnrad

Manche verstehen es nie.
Auch, wenn du das größte Zahnrad bist,
Bleibst du nur ein Teil der Maschinerie;
Und der einzige Sinn und Zweck,
Wieso du für sie existierst,
Ist, dass du funktionierst.
Und wirst du mal rostig
Oder klapperst zu laut,
Wirst du einfach ausgetauscht.
Mach dir lieber gleich klar:
Du bist für sie nichts Besonderes,
Jeder ist ersetzbar.

Viel zu viele Menschen
Machen fleißig Zeit zu Geld,
Bis sie bemerken,
Dass sie ein Leben leben,
Das ihnen überhaupt nicht gefällt.

Die moderne Sklaverei
Hat Homeoffice, Gleitzeit
Und nennt sich Ehrgeiz.
Sie reden es sich schön,
Da sie ja gut verdienen;
Aber bitte: Sei du keiner von ihnen
Und opfere nicht dein Leben
Für ein paar Moneten,
Denn deine Zeit,
Die kann dir nichts und niemand zurückgeben.

Ein gutes Geschäft

Leistung um jeden Preis und
Augenringe als Auszeichnung.
Bis der Druck dir aus den Ohren quillt
Und der Alltag dein Leben ausfüllt.

Funktionieren, Fleiß zeigen, Müdigkeit vermeiden,
Mehr Kaffee in die Blutbahn leiten
Und mal wieder ein Wochenende durcharbeiten!
Wie lange, bis du merkst, du bist mitnichten
Mehr als die leblose Hülle deiner Pflichten?

Die Leiter geht immer weiter,
Ohne Ende, sie hört nie auf,
Des Lebens ewiger Marathonlauf.
Bis ganz oben, bis man dem Chef gefällt
Und der Körper lasch zusammenfällt.

Dann stellen wir fest, wir wollen aus
Der Misere namens Karriere raus.
Doch wie's im Leben oft so geht:
Bis man's merkt, ist's meist zu spät.

Autopilot

Das ist doch alles nicht real.
Ich lauf durch einen Film;
Jede Freude und jede Qual
Scheint nur virtuell
Und nicht wirklich da.
So versinken wir im Trott
Und verbringen unsere Zeit
Mit irgendwelchem Schrott;
Denn vom Aufstehen
Bis zum Schlafengehen
Ist alles vorgegeben,
Bis auf ein paar Variablen:
Vier Stunden am Abend.
Und auch die wenige Freizeit,
Die bleibt,
Ist so schnell vorbei,
Dass der ganze Tag
Wirkt wie ein Wimpernschlag.
Ich hab dazu nur einen Rat:
Frag dich, was du vom Leben willst,
Lass dich auf mehr Dinge ein,
Sag nicht so oft Nein,
Sei unvernünftig, mach es verrückter,
Aufregender, lauter, schriller, bunter,
Denn in der Routine
Geht dein Leben unter.
Dabei ist es ein einziger Segen,
Es gibt immer was zu erleben,
Zu entdecken und zu lernen,
Aber die meisten Leute
Wollen nicht möglichst lange leben,
Sondern nur möglichst spät sterben.

Tanzen

Der erste Ton erklingt,
Das Leben beginnt,
Dein Lied wird gespielt,
Doch anstatt dich davon einfach
Übers Parkett der Welt gleiten zu lassen,
Treiben zu lassen,
Willst du nur weiter,
Von einer Strophe zur nächsten, weil
Du immer meinst,
Der nächste sei der beste Teil.

Dabei ist es doch völlig absurd,
Sowohl im Leben, als auch bei Liedern,
Nur dem Finale entgegenzufiebern.

Wir hören ein Lied ja nicht,
Um an dessen Ende anzukommen.
Der einzige Sinn eines Lieds
Ist
Die Musik,
Sonst nichts.

Und wenn die Musik
Irgendwann nicht mehr spielt,
Merken wir erst,
Wir hätten,
Anstatt irgendwo ankommen zu wollen,
Einfach tanzen sollen.

Bilanz

Immer wieder höre ich, dass das Leben so kurz sei. Dass alles so schnell vorbeigehe. Dass alle so unfassbar beschäftigt seien. Und dass sowieso kein Mensch mehr für irgendetwas Zeit habe.

Tatsächlich? Keine Zeit? Ist das so?

Dann rechnen wir doch mal.

Der Tag hat 24 Stunden. Acht davon schläfst du, acht weitere arbeitest du. Bis du morgens nach dem Aufstehen das Haus in Richtung Arbeit verlässt, dauert es mit Zähne putzen, duschen, anziehen, frühstücken etc. zirka eine Stunde. Dann die Hin- und Rückfahrt, sagen wir mal, je etwa eine halbe Stunde. Da deine Mittagspause nicht zur Arbeitszeit zählt, geht hier nochmal ungefähr eine Stunde drauf. Abends nimmst du dann auch noch was zu dir, da darfst du dich also mit kochen, essen und aufräumen nochmal von einer Stunde deines Tages verabschieden.

Bleiben vier Stunden übrig. Vier Stunden. Mal abgesehen von höchst spaßigen Tätigkeiten wie putzen, Wäsche waschen, aufräumen, Müll rausbringen, einkaufen, deiner Steuererklärung und anderem Verwaltungsscheiß, die auch alle in dieser Zeit erledigt werden müssen, hast du vier Stunden jeden Tag. Vier Stunden, nur für dich – ganze 16,7 Prozent deines Tages. Wow. Vier Stunden für Hobbys, Freunde, Familie, Freund oder Freundin; vier Stunden um zu lesen, Filme zu schauen, Sport oder Musik zu machen, auszugehen, etwas Neues zu lernen und deine Träume zu verfolgen – falls du welche hast.

Ganz schön beschissen, oder?

Aber hey, es gibt ja das Wochenende. Und ein paar Tage Urlaub im Jahr. Was für ein Glück.

Kein Wunder, erscheint es uns, als hätten wir keine Zeit. Dabei wusste Seneca schon vor 2000 Jahren, dass das Leben nicht zu kurz ist. Wir nutzen es nur nicht richtig.

Deine persönliche Bilanz:

24 Stunden

./. ____ Stunden Schlaf

./. ____ Stunden Morgenroutine

./. ____ Stunden Arbeitswege

./. ____ Stunden Arbeit

./. ____ Stunden Mittagspause

./. ____ Stunden Abendessen

./. ____ Stunden Sonstiges

= ____ Stunden Freizeit

Willkommen in deinem Leben!

Chaos

»Ordnung ist das halbe Leben,
Ich mag es klar,
Strukturiert und planbar,
Am besten nicht nur für ein Jahr,
Sondern bis zum Sarg.
Aber egal, wie gut man plant,
Irgendwas ist immer anders,
Immer kommt was dazwischen.
Das regt mich auf,
Das ist doch beschissen!«

Tja. So ist das eben.
Das Leben
Ist eine ziellose Reise,
Kompass haben wir keinen
Und alle dasselbe Ende.
Doch wir haben in der Hand,
Was passiert, zwischen Auf- und Abblende.

Aber auch nicht immer, merk dir das.
Denn egal, was du machst,
Wenn's mal regnet, wird's halt nass.
Aber das war's auch schon, das ist nicht schlimm
Und geht wieder vorbei,
Also nimm Folgendes hin:
Die einzige Konstante im Leben ist,
Dass du alles irgendwann verlieren wirst.

Das klingt im ersten Moment beschissen,
Doch vielleicht hilft einem gerade das Wissen,
Dass alles mal endet
Und nichts ewig bleibt,
Dabei,
Dass man die Dinge, die Menschen und das Leben
Viel mehr zu schätzen weiß.

Und wenn Ordnung
Das halbe Leben ist,
Lass ich sie einfach weg,
Dann hab ich
Das ganze für mich.

Man wird nie wissen,
Was sein wird und was kommt;
Und wer sich dagegen wehrt,
Kämpft an einer verlorenen Front.

Denn im Leben steht
Fast alles in den Sternen
Und es kommt einfach nur darauf an,
Das Chaos lieben zu lernen.

Party

Ich hab richtigen Kopfschmerz
Und keinen Bock mehr.
Bin müde, an den Schuhen klebt Bier,
Es ist halb vier.
Was zum Teufel mach ich hier?

Ich steh im Club rum
Und guck dumm,
Auf der Tanzfläche, in der Mitte,
Im halbgaren, lustlosen Rumgewippe.

Starr in mein Glas
Und auf die Menschen.
Wer hat hier eigentlich Spaß?
Sie geben mir zu denken.

Schick angezogen, wohlfrisiert,
Von oben bis unten einparfümiert,
Ein gezwungenes Lächeln auf dem Munde,
Nobel geht die Welt zugrunde.

Hüpfen und schreien hektisch herum,
Alle voll drauf,
Blasen sich auf,
Mann wie Frau,
Zappeln, machen sich zum Affen,
Lassen's richtig krachen.
Aufmerksamkeit, noch ein Bier,
Einen Kuss von ihm,
Die Nummer von ihr,
Jeder will, was er begehrt,
Bevor er nachher nach Hause fährt.

Doch leerer als die Gesichter der Leute
Ist nur mein Herz, nicht erst seit heute.
Ich steh nur verloren da, an nichts Interesse,
Schau in den Spiegel
Und sehe meine traurige Fresse.

Ärgere mich über mich selbst am meisten,
Doch gebe mir dann
Einen Ruck und weiß Bescheid:
»Du Depp, du kannst
Dir das nicht leisten.
Stell dich nicht so an
Und weg mit dem Selbstmitleid!
Es ist zwar halb vier,
Aber du bist sowieso schon hier.
Du gehst jetzt noch nicht nach Haus,
Sondern machst das Beste draus.
Denn um nicht mehr einsam zu sein,
Braucht es immer zwei
Und nur ein ehrliches, echtes, einfaches ›Hi‹.«

Einsamkeit

Klar, will man in der Lage, zu lieben sein,
Muss man das erstmal für sich allein;
Denn sonst wird »Wir gegen die Welt«
Nur zu einer Flucht vor sich selbst.

Allein sein können ist wichtig und gesund,
Nicht nur für die Liebe,
Sondern fürs allgemeine Wohlbefinden,
Aber nimm
Das nicht als Grund,
Zu beschönigen,
Dass du versinkst,
Im Einsamkeits-Sumpf.

Denn kein Mensch ist gern lang allein.
Wir sind alle lieber zu zweit,
Zu dritt, zu viert, unter vielen,
Doch so viele von uns sind zu beschäftigt
Mit ach so wichtigen Dingen, großen Zielen,
»Heut Abend noch treffen?
Boah ne, das ist mir zu heftig.
Ich muss morgen früh raus und schau,
Dass ich um zehn Uhr im Bett bin.«

Und so versinken wir im Alltag,
Merken nicht, wie die Zeit uns durch die Finger rinnt
Und stellen dann allmählich erst fest,
Wie einsam wir sind.

Was für ein schönes Leben könnten wir führen,
Wenn wir uns einfach mal
Den Stock aus dem Arsch ziehen würden.

Klar ist man einsam,
Wenn man immer nur daheim war,
Nie an irgendwas teilnahm,
Dass man damit nie weit kam
Und sich fühlt wie in Treibsand,
Saß man immer nur schweigsam
Allein da.
Dabei ist es unfassbar heilsam,
Macht man auch nur die allerkleinsten Dinge
Ganz einfach
Gemeinsam.

Und vielleicht hast du's
Dir nicht ausgesucht,
Aber, so leid es mir tut,
Es liegt an dir und sonst keinem.
Und willst du da raus,
Lässt es sich nicht vermeiden,
Endlich mal Mut zu zeigen.
So schwierig ist es nicht,
Den ersten Schritt zu wagen
Und einfach mal Hallo zu sagen.
Denn ein kleines Wort ist anfangs alles,
Was einen voneinander trennt;
Und Fremde sind bekanntlich nur Freunde,
Die man noch nicht kennt.

Ich weiß,
Dass es einen manchmal zerreißt
Und natürlich ist es nicht leicht;
Doch vielen ist nicht klar,
Dass man sich aus der Einsamkeit
Nur selbst befreit.

Wohin?

Was ist der Zweck?
Was ist der Sinn?
Ich will nur weg,
Aber weiß nicht, wohin.

Mein Leben ist leer,
Obwohl ich alles habe.
Mein Herz ist schwer,
Auch wenn ich's nicht laut sage.

Was mach ich hier?
Was soll das Ganze?
Ist das denn der Sinn des Lebens,
Dass ich immer nach irgendjemandes Pfeife tanze?

Hab keinen Bock mehr, Leistung zu bringen.
Ich will hier einfach nur noch verschwinden.
Will raus, weit weg
Und nie mehr zurück.
Vielleicht find ich ja in der Ferne
Endlich mein Glück.

Doch auch da, weiß ich,
Kann es nicht sein.
Die Realität holt einen
Doch immer wieder ein.
Und dass ich weiß,
Nichts hält für immer,
Macht es nur noch schlimmer.

Sah überall nur Regen,
Bis ich feststellte:
Das Leben gleicht eben
Einer wirren Schlangenlinie,
Keinem geraden Strich;
Und das sollte man für sich nutzen, finde ich.

Denn wenn man weiß,
Es geht immer drunter und drüber,
Kreuz und quer
Und wird nie anders sein,
Nimmt man alles nicht so schwer.
Der Weg ist das Ziel,
Deshalb ist es auch gar nicht schlimm,
Wenn man nicht weiß, wohin.

Offene Türen

Was soll ich tun?
Was soll ich machen?
Die Welt ist zu groß,
Das Leben zu kurz,
Es gibt einfach zu viele Sachen;
Und welche davon die richtige ist,
Weiß ich nicht,
Aber ich bin mir sicher:
Irgendwann zeigt sie sich.

Wir sind richtig gut im Hoffen
Und halten uns deshalb alle Türen offen.
Denn irgendwas Grandioses kommt da schon,
Einfach so,
Irgendwie, irgendwo, irgendwann,
So toll,
Dass man es gar nicht übersehen kann.

So gehen die Jahre ins Land
Und man denkt: »Verdammt!
Jetzt warte ich schon so lang
Und komme immer noch nicht an,
Sondern irre nur umher,
Das ist doch nicht fair!«

Und langsam werden wir älter
Und uns wird immer kälter.
Es dauert oft ziemlich lange,
Bis wir bemerken,
Dass es erst aufhört, zu ziehen,
Wenn wir ein paar Türen schließen.

Man muss sich immer entscheiden,
Denn eins ist sicher
Und wird immer so bleiben,
Egal, was dir die Werbung
Oder irgendwelche Leute sagen:
Du kannst nicht alles haben.

Und hast du erst eine Entscheidung getroffen,
Steht dir, ironischerweise, zwar nicht mehr jede Tür,
Dafür aber die ganze Welt offen.

Denn bist du mal durch eine Tür gegangen
Und blickst nicht mehr zurück,
Steht es vielleicht schon vor dir,
Dein Glück.

Der richtige Zeitpunkt

Wartest du auf den richtigen Zeitpunkt,
Heißt das nur, du bist zu feig um
Wirklich was ändern zu wollen.
Rede es dir nur ein,
Alles sei prima, richtig, fein,
Könntest nicht zufriedener sein,
Du liebst dein Leben,
Deine derzeitige Situation,
Ein Hoch auf den Status quo.

Doch tief im Inneren,
Wenn du wirklich ehrlich bist,
Weißt du aber,
Dass das alles nur dummes Gelaber ist.
Um zu sich ehrlich zu sein,
Braucht es Mut,
Dass du dir selbst versprichst,
Dir treu zu bleiben
Und es auch wirklich tust.

Jeder Moment ist der richtige.
Wart nicht drauf,
Dass Veränderung von außen kommt;
Das wird nie passieren.
Nimm dein Leben in die Hand
Und denk immer daran:
Du hast nie etwas zu verlieren.

Selbstfindung

Das ständige Hinterfragen
Und Sichsuchen ist behämmert;
Man kann sich nie finden,
Weil man sich immer verändert.

Da kann man unendlich überlegen,
Abwägen und drüber reden,
Aber ich vermut':
Selbstfindung ist einfach
Das Vermeiden von Selbstbetrug.

Tu das, was sich richtig anfühlt,
Im Augenblick, im gegebenen.
Tu, was für dich einen Sinn ergibt,
Damit liegt man meist nicht allzu weit daneben.

Hör auf deinen Bauch,
Aber auch
Auf deinen Kopf,
Zumindest ein bisschen;
Aber am allerwichtigsten:
Auf dein Herz.
Schließlich willst du,
Dass es noch eine Weile klopft
Und sich nicht aus lauter Frust und Stress
Vorzeitlg zur Ruhe setzt.

Lebensplanung

Das Leben ist verrückt.
In einem Moment am Boden,
Im nächsten voller Glück.

Wo das alles hinführt?
Keine Ahnung.
Ich hab sie schon lange begraben,
Meine Lebensplanung.

Ich weiß nicht, was kommt,
Und werd es nie wissen.
Ich hab nur festgestellt:
Sich darüber den Kopf zu zerbrechen,
Ist ganz schön beschissen.

Auf heute folgt morgen,
Das ist sicher.
Neue Leute, alte Sorgen,
Doch ich stress mich nicht mehr.

Ich weiß bloß,
Ich tu jetzt das Beste,
Was ich tun kann:
Ich lass los.

Das Maß aller Dinge

Das Maß aller Dinge,
Das ist er, der über allem thront,
Uns zeigt, wofür es sich zu leben
Und zu kämpfen lohnt.

Müssten wir ihm jetzt ins Auge blicken,
Würde uns schnell klar,
Was wichtig und was unwichtig war.

Er macht uns bewusst,
Was wir bereuen und
Gibt dem Leben erst eine Bedeutung.

Egal ob dick oder dünn,
Groß oder klein,
Arm oder reich,
Der Tod macht uns alle gleich.
Also: handle jetzt!
Wer weiß,
Wie viel Zeit dir noch bleibt.

Sterben

Wenn du sterben würdest,
Heute,
Würdest du was bereuen?
Falls ja,
Ist klar:
Du solltest was ändern,
Schleunigst.

Das Tragische ist,
Die meisten wollen noch so viel tun,
Doch kommen scheinbar zu nichts.
Sie fürchten den Tod,
Denn sie haben Schiss,
Dass er sie »zu früh« holt,
Denn sie sind so davon besessen,
Nach Unwichtigem zu streben,
Dass sie währenddessen vergessen,
Zu leben.

Sie wollen vermeiden,
Dass Träume Träume bleiben.
Eigentlich.
Doch sie wagen keinen einzigen
Schritt, nicht mal den kleinsten.

Wenn du dafür hingegen immer alles tust,
Was du kannst,
Dann hast du vor dem Tod
Auch keine Angst.
Dann wird dir klar,
Dass du schon alles hast
Und dass du nie etwas verpasst.

Und zu lernen,
Sich nicht zu fürchten,
Vor dem Sterben,
Heißt,
Erst richtig lebendig zu werden.

Denn zu wissen,
Es ist jeden Moment vorbei,
Befreit.

Ach

»Ach, du bist ja noch so jung«,
Sagen mir alle.
Doch zu denken,
Man hätte ewig Zeit,
Ist die allergrößte Falle.

»Ach, das wird schon irgendwie«,
Sagt mir jeder.
Doch zu denken,
Alles würde sich von selbst einrenken,
Ist der allergrößte Fehler.

Denn eins hab ich früh gelernt:
Für das eigene Leben
Ist nur man selbst verantwortlich, sonst niemand,
Und man muss es selbst in die Hand nehmen,
Und zwar jetzt,
Nicht später,
Nicht irgendwann.
Denn, was ziemlich dumm ist,
Niemand denkt daran,
Dass unsere Zeit eines Tages um ist.

Der Platz auf der Tribüne

Ich weiß es noch, als wär's gestern gewesen.
Ich war acht,
Hatte zu viel Energie
Und machte 'ne Menge Krach.
Da hast du mich, gegen meinen Willen,
Zum Sport gebracht.
Warst stolz, denn du hast gesehen,
Wie viel Spaß mir das macht.

Warst bei jedem Spiel da
Und klar
Weiß ich noch, wo du immer saßt:
Auf deinem Stammplatz,
Gleich wenn man reinkam,
Oben rechts auf der Tribüne,
Direkt beim Eingang.

Warst mein größter Fan,
Bei allem, was ich mach, bis heute;
Und ich glaub,
Ich hab nicht die leiseste Ahnung davon,
Wie viel ich dir bedeute.

Egal, was ich tat,
Du bist vor Stolz geplatzt.
Egal, was bei mir war,
Für dich war ich unfehlbar.
Es war ein schönes Gefühl, zu wissen,
Da ist immer jemand für mich da.

Ich werde nie vergessen,
Wie wir immer bei dir in der Küche saßen,
Früher beim Mittagessen,
Riesige Portionen aßen,
Damit aus uns auch was wird.
Deine Kuchen, ein jeder ein Gedicht,
Zu Weihnachten waren tonnenweise Plätzchen Pflicht.

Du warst zwar auch eine Meisterin darin,
Einem ein schlechtes Gewissen zu machen,
Doch ich konnte damit umgehen,
Nahm es dir nicht übel, konnte drüber lachen,
Denn im Gegensatz zu den anderen beiden,
Die immer nur gestritten haben,
Bliebst du seelenruhig und hast alles ertragen.
Das war für dich vermutlich auch nicht gesund,
Aber für einiges im ständigen Chaos
Warst auch du immer mal wieder der Grund.

Aber das ist ja kein Ding.
Nur eines fand ich schlimm,
Und zwar richtig:
Die Meinungen anderer
Waren dir immer viel zu wichtig.

Dein Garten war früher dein gelobtes Land,
Du warst topfit, noch richtig lang,
Und nahmst alles selbst in die Hand.

Doch jetzt sitz ich neben dir
Auf dem Sofa
Und merke, du bist zwar hier,
Aber nicht wirklich da.

Da wird mir jedes Mal klar:
Bald ist deine Zeit um.
Erzählst mir wirre Sachen,
Irgendwas aus der Lokalzeitung
Oder was diese und jene Leute machen,
Die ich gar nicht kenne,
Und überspielst es mit einem Lachen,
Wenn ich dich dann was frage,
Weil du nicht verstehst, was ich meine,
Egal, was ich sage.
Stehst um drei Uhr nachts vor dem Friseursalon,
Verwechselst Uhrzeiten und Wochentage
Und alle, die dir widersprechen,
Weil sie dir helfen wollen,
Sind für dich nur noch 'ne Plage.
Nimmst an richtigen Unterhaltungen nicht mehr teil,
Erzählst immer wieder dieselben Geschichten
Und drehst dich endlos im Kreis.

Ich weiß nicht, was du noch weißt,
Was du noch wahrnimmst,
Was du noch denkst
Oder ob du mich beim nächsten Mal noch erkennst.
Ich merke nur immer mehr:
Sie liefern sich ein erbittertes Rennen,
Der Krebs und die Demenz.

Und ich weiß,
Noch ist es nicht vorbei,
Aber leider nur eine Frage der Zeit,
Dann wird dein Platz auf der Tribüne frei;
Oder vielmehr
Unfassbar leer.

Bedeutungslos

Nichts hat einen Sinn,
Man will nirgendwo hin
Und auch den sonst so schönen Dingen
Kann man nichts mehr abgewinnen.
Es macht einen richtig platt,
Wenn es sich so anfühlt,
Als ob nichts eine Bedeutung hat.
Man fühlt sich,
Als stehe man mit dem Rücken zur Wand,
Will sich irgendwie aufrappeln,
Schafft es aber nicht;
Denn in dem Zustand
Ist das Schöne im Leben
Sehr schwer zu sehen.

Man schaut in den Spiegel
Und denkt: »Eigentlich ist es egal,
Ob ich hier bin
Oder nicht.«
Das kenne ich
Und ich weiß,
Das ist nicht leicht.
Was mir aber damals, ironischerweise, geholfen hat,
War genau das:
Dass tatsächlich alles sinnlos ist, man
All das Schöne aber trotzdem erleben kann.

Und sieht im Moment vielleicht auch
Alles nicht so rosig aus,
Wir sind jetzt sowieso schon hier,
Also machen wir das Beste draus.

Winter

Es ist dunkel und kalt,
Alles ist grau und kahl,
Obwohl es draußen blüht
Und die Sonne strahlt.

Ich fragte mich immer,
Wann er wieder aufhört,
Der Winter im Innern.

Ich hab mich oft dagegen gewehrt,
Aber irgendwann gemerkt,
Dass es nichts bringt;
Und dann ließ ich es bleiben.
Denn es lässt sich nicht vermeiden,
Im Leben gibt's immer Jahreszeiten.
Wichtig ist, darauf zu scheißen,
Über sie zu lachen,
Weiterzumachen
Und sich nicht unterkriegen zu lassen.

Schafft man das,
Geht es deutlich schneller,
Bis der erste Tag wieder
Länger, wärmer und heller ist
Und sie weichen,
Die Kälte und die Finsternis

Und wahrscheinlich wirst du
Den Winter nicht vermissen,
Aber nur durch ihn
Wirst du den Frühling erst richtig zu schätzen wissen.

Selbstmord

Natürlich habe ich schon darüber nachgedacht. Immer wieder, wenn ich auf einer Brücke stand oder im fünften Stock eines Hochhauses aus dem Fenster schaute, fragte ich mich: »Würde das reichen?« Wobei ich nie so gehen würde oder auf irgendeine andere schmerzhafte Art. Das wäre mir viel zu stressig. Ich hätte mir eine gepflegte Überdosis gegeben und gut ist. Oder vielleicht in den Kopf geschossen, aber selbst da kann man einiges falsch machen, habe ich mir sagen lassen. Wie auch immer.

Das Ganze schien mir jedenfalls wie ein bequemer Ausweg, eine komfortable Abkürzung. Endlich weg von hier – leckt mich alle am Arsch, ich bin raus, viel Spaß noch bei eurem lächerlichen kleinen Trauerspiel namens Leben. Und irgendwie auch total entspannt, einfach so den Löffel abzugeben. Das hat was Selbstbestimmtes, Unabhängiges; danach lechzt ja heutzutage sowieso jeder. Alle Probleme sind auf einen Schlag gelöst und man erspart sich all das Negative, all das Leid, all den Schmerz, der noch auf einen zukommen würde.

Kein gebrochenes Herz mehr. Kein Stress, kein Druck, keine Erwartungen, keine Ziele, keine Sorgen, keine Enttäuschungen mehr. Keine Wut, keine Trauer. Kein Neid, kein Streit, kein Frust, keine Eifersucht. Keine Trennungen, keine Abschiede, keine verpassten Chancen, kein Bedauern, kein »Was wäre wenn?«.

Auf einen Schlag ist man am Ende angelangt – und das ist ja sowieso immer dasselbe, egal, was man für ein Leben hatte. Man spult vor.

Das dachte ich zumindest mal.

Denn eigentlich spult man nicht vor. Man ist nicht am Ende angelangt, sondern man bricht den Film einfach nur mittendrin ab – man hat keine Ahnung, was noch gekommen wäre und wie toll er noch hätte werden können, je länger man drangeblieben wäre. Da wurde mir klar, dass Selbstmord das Allerdümmste ist, was man tun kann. Man befreit sich zwar von all der Scheiße, aber auch von all dem Schönen, was das Leben zu bieten hat.

Keine Küsse, kein Sex, keine Musik, kein Lachen, keine Hoffnungen, keine Träume mehr. Keine Lieblingsserien, keine Schokocroissants, keine Glücksmomente, keine Erfolgserlebnisse, keine Achterbahnfahrten, kein Wiedersehen am Bahnhof, keine Sommertage am Badesee, keine viel zu langen Nächte mehr. Kein Fahrtwind und keine Sonnenstrahlen mehr, die einem übers Gesicht streicheln. Kein Aufwachen mehr neben der Person, die einem am Wichtigsten ist. Keine Liebe mehr.

Ich könnte hier noch unendlich weitermachen.

Auf die ganze Schönheit des Lebens zu verzichten, erscheint mir tausendfach schlimmer und furchtbarer und schrecklicher, als mit Schmerz, Kummer, Problemen, Sorgen und Leid umzugehen. Das gehört zwar alles zum Leben dazu, ist aber nur ein kleiner Teil davon. Auch wenn es manchmal schwerfällt, so muss man sich doch immer wieder klar machen, dass das Leben nicht nur aus Grautönen besteht, sondern an jeder Ecke farbenfroh und schön ist – wenn man nur die Augen öffnet und hinschaut.

Ich habe diesen Text geschrieben, da ich einmal für ein paar Monate diese Gedanken hatte, da ich mich fühlte, als sei das Ende nah und da ich die naive Vorstellung hatte, ich könnte vielleicht jemandem damit helfen und davon abbringen, einen großen, irreversiblen Fehler zu begehen. Und vielleicht kann ich das damit auch.

Aber vielleicht auch nicht. Denn, so positiv, romantisch und fast schon kalenderspruchartig das Ende klingen mag: Wenn man einen Punkt erreicht hat, an dem selbst der größte Urinstinkt des Menschen nicht mehr funktioniert, wenn man keinerlei Sinn mehr im Leben sieht und alles, was man jahrelang verspürt, lediglich eine große Leere ist, hilft einem auch kein kleiner Text in irgendeinem Buch weiter.

Ich habe diesen Text nämlich geschrieben, bevor ich die Nachricht bekam, dass sich ein alter Freund von mir das Leben genommen hat.

Wir waren befreundet, seit er im Gymnasium mein erster Sitznachbar war, später wohnten wir dann für ungefähr ein Jahr zusammen in einer WG. Wenn ich an diese Sache denke, bestimmte vergangene Situationen rekapituliere oder mir das Szenario ausmale, wie er zur Brücke fuhr und sprang, dreht sich mein Magen um und mir wird richtig schlecht.

Es ist so endgültig. Das macht es so surreal. Ich konnte es anfangs gar nicht glauben. Da war dieser Mensch, den man seit Jahrzehnten kannte, und der ist jetzt nicht mehr da. Und wird auch nie wieder zurückkommen. Einfach so.

Wenn du das hier gerade liest und dir Gedanken über Selbstmord machst – bitte – hole dir Hilfe. Egal von wo oder von wem. Sprich mit jemandem darüber.

Bitte.

Und auch, wenn das vielleicht platt klingen mag, so stimmt es trotzdem: Es gibt für alles eine Lösung. Auch, wenn du sie jetzt vielleicht nicht sehen kannst oder nicht wahrhaben willst, dass es sie gibt – es gibt sie. Und es gibt eine Menge Menschen, die dir dabei helfen können und wollen, sie zu finden. Und auch, wenn du es jetzt gerade vielleicht nicht glaubst – du bist stark, du schaffst das. Wirklich. Vertrau mir.

Denk an die Menschen, die dich lieben, denen du wichtig bist, die du zurücklassen würdest. Und wenn du meinst, es gibt niemanden, der dich liebt oder dem du wichtig bist – das stimmt nicht!

Unser allerherzlichstes Beileid an Tim, Marie, Katrin, Hubert, Irmgard, Traude und Gerhardt.

Mach's gut, Sven. Wir vermissen dich.

Lichtblick

Ich sitze verträumt im Bus,
Schau ins Grau des Himmels
Und mich überkommt der Frust.
Ich frag mich, ob das denn jetzt sein muss;
Fühle mich mal wieder unfair behandelt,
Versank gerade in negative Gedanken,
Doch war auf einmal wie verwandelt,
Denn die Sonne schickte mir einen Kuss
Und ich wusst:
Ist auch gerade alles dunkel und grau und trist,
So weiß ich,
Dass das nicht für immer so ist.
Denn blick ich in die Ferne,
Dann seh ich da hinten
Die Sonnenstrahlen,
Die durch die Wolken dringen.
Und dieser Lichtblick am Horizont
Macht mir klar,
Dass das Beste noch kommt.

Neuanfang

Es kommt immer mal vor,
Dass man sich verrennt,
Abkommt vom Weg
Oder sich selbst nicht wiedererkennt.
Doch auch, wenn man sich fragt:
»Wie bin ich nur an diesen Punkt gelangt?«,
Ist es nie zu spät.
Denn das Gute ist:
Wir haben unser Leben selbst in der Hand,
Jederzeit und voll und ganz.
Wir haben immer die Kontrolle
Und können es ändern,
Wann und wie wir wollen.
Egal, welchen Weg wir gehen,
Es gibt keine Sackgassen,
Denn wir können immer umdrehen;
Auch schon jetzt gleich,
Nicht erst irgendwann.
Und glaub mir,
Wenn ich dir sag:
Wenn man wirklich will, dann
Ist jeder Tag
Ein Neuanfang.

Nachweis

Seite 7: Goethe, Johann Wolfgang von (1827): Goethe's Werke – Unter des durchlauchtigsten deutschen Bundes schützenden Privilegien, Stuttgart und Tübingen 1827, Verlag: Cotta, S. 298

Über den Autor

Max Osswald findet für dieses Buch eine Autorenvita irgendwie albern, lässt sich jedoch nicht die Gelegenheit nehmen, über sich selbst in der dritten Person zu schreiben. Außerdem hält er es für eine Geldverschwendung, jemandem, der ihn gar nicht kennt, etwas dafür zu zahlen, ein paar furchtbar langweilige Worte verfassen zu lassen, die dann in der Regel neben einem Bild stehen, auf dem er möglichst tiefgründig, intellektuell und/oder geheimnisvoll wirken soll (und nicht mal das hat er geschafft, er grinst nur blöd). Max Osswald findet es zudem sowohl amüsant als auch unschön, dass in jeder Autorenvita Sätze so oft mit dem Vor- und Nachnamen des Autors begonnen werden. Max Osswald wurde geboren, war im Kindergarten, in der Schule, hat studiert, arbeitet, schreibt, wird irgendwann mal sterben und hofft, dass er bis dahin ein geiles Leben hatte. Max Osswald lebt in einer Stadt.

Foto © Andreas Lang

Max Osswald möchte dir außerdem noch sagen, dass du den Kopf nicht hängen lassen sollst und dass alles nicht so schlimm ist, wie es aussieht. Max Osswald dankt dir und freut sich sehr darüber, dass du dieses Buch gelesen hast. Wenn dir das Ganze hier gefallen hat, folg ihm doch, da freut er sich ganz arg drüber. Also auf den sozialen Medien. Man sollte nie jemandem einfach so folgen. Das ist creepy. Lass das bitte sein.

Instagram: @**max.osswald**
Facebook: **fb.com/therealmaxosswald**